Günther Dellbrügger

Was wir den Engeln geben können

Günther Dellbrügger

Was wir den Engeln geben können

Wege zu einem lebendigen Zusammenwirken

Verlag Urachhaus

2. Auflage 2025

Verlag Urachhaus
Landhausstraße 82, 70190 Stuttgart
www.urachhaus.de

ISBN 978-3-8251-5397-7

Bei Fragen zur Produktsicherheit wenden Sie sich bitte an info@urachhaus.com
Umschlaggestaltung: Thomas Neuerer unter Verwendung
eines Bildes von Maren Glockmann
Abb. S. 136: Joseph Beuys, *Mensch*, 1983 (© VG Bild-Kunst, Bonn 2025)
Foto S. 153: Jannis Schäfer, Wolfschlugen
Druck: GGP Media GmbH, Pößneck
Printed in Germany

FSC www.fsc.org MIX Papier | Fördert gute Waldnutzung FSC® C014496

Den Engeln

»Versäumt auch die Gastfreundschaft nicht; durch sie haben manche, ohne es zu wissen, Engel bei sich zu Gast gehabt.«

Hebr 13,2

»Dem muss entgegengestrebt werden, dass wir wiederum solche Gedanken bekommen, dass die Engel mit uns leben können.«

Rudolf Steiner[1]

Inhalt

Anhang

Vorwort

Teile dieses Textes erschienen 1998 in dem Buch »Engel-Erfahrungen«.[2] Sie wurden für diese Ausgabe überarbeitet und erweitert, scheinen mir aber im Kern nach wie vor gültig.

Ich halte es heute für notwendig, die Beziehung zwischen Mensch und Engel in einen *größeren Zusammenhang* zu stellen, in den Zusammenhang unserer *Vorstellung vom Menschen* generell. Denn in den 25 Jahren seit dem Erscheinen des früheren Buches hat sich die Vorstellung vom Menschen, die ihm nur eine »abgeschlossene Diesseitigkeit« (Christian Lehnert) zugesteht, immer mehr verbreitet und verfestigt. Dieses Buch möchte das Bewusstsein für diesen Tatbestand und die daraus drohenden Konsequenzen und Gefahren schärfen und zugleich alternative Vorstellungen vom Menschen aufzeigen und so unseren Blick erweitern.

Das Problem einer nur diesseitigen Sicht auf den Menschen liegt nicht in dem, was sichtbar ist, sondern in dem, was *nicht* sichtbar ist. Erst vor diesem Hintergrund kann die Notwendigkeit und Brisanz einer geistigen Vorstellung vom Menschen deutlich werden, welche die Dimension »Mensch und Engel« einbezieht.

Innerhalb dieser Dimension möchte dieses Buch auch das Bewusstsein dafür wecken, dass wir Menschen von der Welt der Engel unendlich viel geschenkt bekommen haben, dass wir aber in Zukunft auch eine Verantwortung gegenüber den Engelreichen und ihrer Welt haben. Sie brauchen uns, wie wir sie brauchen. Sie brauchen unser geistiges Licht aus unseren

Gedanken, unsere Herzenswärme aus unseren Taten für ihre weitere Evolution. »Wisst ihr nicht, dass sich an uns sogar das Schicksal von Engeln entscheiden wird?« (Paulus)[3]

Ist der Mensch nur ein eingeschlossen-abgeschlossenes Wesen oder – mit Immanuel Kant zu sprechen – *ein Bürger zweier Welten*. Das scheint mir eine der wichtigsten Fragen für unsere menschliche Zukunft zu sein – und für die der Engel.

Einleitung

Die Ausgangsthese dieses Buches ist:

Der Mensch ist das, als was er sich selbst denkt.

Das wird für die Zukunft der Menschheit entscheidend sein und macht das radikal Neue unserer Zeit aus. Wir stehen an einem Scheideweg. Alles hängt von uns ab!

Das bedeutet nun aber nicht, dass »alle guten Geister uns verlassen« hätten. Im Gegenteil: Die Engel, in der neueren Zeit mehr und mehr aus unserem Erleben und Denken verbannt, kehren in unser Bewusstsein zurück. Wir erlangen ein neues Bewusstsein von ihnen und können mit unserem Denken und unserer Sprache wieder ein Gefäß für sie bilden. Der Mensch kann die Engel wieder hören. Aber in anderer und neuer Weise. Die Zeit, in der das Bewusstsein von einer über und mit den Menschen wirkenden Engelwelt wie ausgelöscht war, ist offenbar vorüber. Das zeigt sich nicht zuletzt an der großen Anzahl von Büchern und Zeitschriften, in denen von gegenwärtigen Engelerfahrungen die Rede ist, auch wenn diese – wie mir scheint – von sehr verschiedener Qualität und Glaubhaftigkeit sind. Dennoch können die berichteten Erlebnisse nicht einfach als Fantasieprodukte abgetan werden. Zumindest teilweise scheinen authentische Erfahrungen vorzuliegen. Die Engellehre des Dionysios Areopagita etwa, im Mittelalter einer der meistgelesenen Autoren, hat innerhalb der modernen, kritischen Theologie kaum noch Anspruch auf geistige Wahrheit.

Versucht man zu *denken:* Was sind Engel?, so stand und steht immer im Vordergrund der Blick auf das, was Engel *für den*

Menschen sind. Oft handelt es sich bei den heute im Vordergrund stehenden »Engelerlebnissen« um Situationen, in denen plötzlich auf unerklärliche Weise und in auswegloser Situation Hilfe kommt. In einer solchen Rettung wird für manche Menschen die Berührung mit einer höheren Welt unmittelbare Erfahrung, die in der Seele dankbare Gefühle auslöst, angesichts höherer Geborgenheit und Führung. An dieser Stelle zeigte und zeigt sich aber auch ein grundsätzliches Problem: Eine so entstandene Dankbarkeit und religiöse Stimmung ist von Dauer, wenn sie vom Einzelnen aktiv ergriffen und bewusst lebendig gehalten wird.

Aufgrund solcher Erfahrungen erscheint es aber heute möglich und an der Zeit, noch einen weiteren, ganz anderen Aspekt in der Beziehung zwischen Menschen und Engeln zu entdecken und zu bedenken:

Haben wir als Menschen auch eine Verantwortung gegenüber den Engeln, den Wesen der höheren Hierarchien? Das klingt (für manche Ohren) zunächst vielleicht vermessen. Denn die Engel – wenn man sie als wirklich anerkennt – sind doch Wesen, die höher und weiter entwickelt sind als wir, die so hochstehend sind, dass sie ihr Wesen und ihre Kraft für den Schutz des ihnen verbundenen Menschen einsetzen können. So mag die Frage, ob auch wir Verantwortung für die Engelreiche haben, ganz unangebracht erscheinen. Wir finden diesen Gedanken aber bereits in den Briefen des Paulus im ersten christlichen Jahrhundert, in den frühesten Dokumenten des Christentums.

Der Zusammenhang ist folgender: Im ersten Brief an die Gemeinde in Korinth muss Paulus sich mit moralischen Abirrungen und Streitigkeiten innerhalb der Gemeinde auseinandersetzen. Um den Blick der zur Gemeinde Gehörenden zu weiten und ihre Situation aus höherer Perspektive anzuschauen, weckt er ihr kosmisches Gewissen und ruft ihnen mahnend zu:

> Wisst ihr nicht, dass sich an uns sogar
> das Schicksal von Engeln entscheiden wird?
>
> (1 Ko 6,3)

Diese Aussage hat bisher unser Engelbild nicht geprägt und stellt es auf den Kopf. Damit wird unser bisheriges Engelbild nicht hinfällig, aber es könnte sich um eine entscheidende Dimension erweitern. Tatsache ist jedenfalls, dass sich diese überraschende, zunächst sehr erstaunlich klingende Aussage in einem der Paulusbriefe findet, die zum allgemein anerkannten Kanon des Neuen Testamentes gehören.

Geht man eine Weile mit diesem Gedanken um, dass sich das Schicksal von Engeln an uns entscheidet, wird sich unsere Überraschung in eine tastende Frage verwandeln: Ist das vielleicht wirklich so, wie Paulus es mit großer Überzeugung verkündet? *Dürfen wir so groß vom Menschen denken*? Ist nicht das Umgekehrte viel einleuchtender, nämlich dass unser Schicksal davon abhängt, ob und wie wir im Einklang mit den höheren Engelreichen zu leben und zu handeln lernen? Wie soll der selber heils- und erlösungsbedürftige Mensch etwas zur Erlösung höherer Wesen beitragen? Ist er da – wenn man diesen Gedanken ernst nehmen will – nicht hoffnungslos überfordert? Je mehr ausschließlich auf die Unvollkommenheit des Menschen gesehen wird, desto unverständlicher wird Paulus' Ausruf. Dabei schließt das Eine das Andere nicht aus.

Wir brauchen – meine ich – eine *zweite, neue Aufklärung* über den Menschen, sein Wesen und seinen Auftrag. Wir brauchen eine Art geistigen Filter, um das, was auf uns einströmt, zu sichten, zu unterscheiden und zu beurteilen. Nur so können wir den *inneren Freiraum* schaffen, um zu einer individuellen Entscheidung zu kommen, welches Menschenbild wir uns zu Eigen machen wollen.

In einem von Jahr zu Jahr wachsenden Ausmaß sind wir von Katastrophen bedroht und betroffen: Umweltkatastrophen, Kriege, humanitäre Katastrophen (Hunger, Wasserknappheit). All dies tritt so in den Vordergrund, dass die *geistigen Bedrohungen* schwerer erkennbar geworden sind. Eine solche grundsätzliche, geistige Bedrohung scheint mir die wachsende Unsicherheit und Unkenntnis darüber zu sein, was der Mensch seinem innersten Wesen nach ist, was sein Ursprung und was seine Aufgabe auf der Erde und im ganzen Kosmos ist.

Die Ausführungen dieses Buches möchten für diese Fragen Urteilsgrundlagen geben, Alternativen vorstellen und ein Empfinden dafür erwecken, wie kostbar unser Menschsein ist!

Eine neue Epoche beginnt: Was Engel für die Menschen und Menschen für die Engel bedeuten

Was sind Engel? Was sind das für Wesen, die uns nahe sind, aber doch einer anderen, einer nicht materiellen Welt angehören? Was sind das für Wesen, deren Existenz viele heutige Menschen bestreiten, weil sie nicht glauben, dass es etwas anderes als die materielle Welt gibt, deren Existenz aber für manche und für immer mehr Menschen eine Realität wird, weil sie Erlebnisse, Schauungen, Visionen und Auditionen haben? Wer will über Echtheit oder Unechtheit solcher Erlebnisse und Empfindungen entscheiden?

Vier Formen und Wirkensweisen der Engel lassen sich unterscheiden: Erstens sind Engel Wesen, die uns *schützen*. Der sprichwörtliche »Schutzengel« behütet die Kinder, bewahrt sie vor Gefahren. Daher das noch »himmlische« Vertrauen, das Urvertrauen, das kleine Kinder in die Menschen, in die Welt haben.

Die Engel schützen, indem sie selber in einer fortwährenden Beziehung zum Vatergott stehen, ihn fortwährend innerlich vor Augen haben: Christus schaut diesen Zusammenhang zwischen Gott, den Engeln und den Kindern und spricht ihn so aus: »Ich sage euch, dass die Engel, die alles Kindeswesen führen, in den Himmeln unablässig das Angesicht meines Vaters schauen, der in den Himmeln ist.« (Mt 18,10) Die Engel schauen »multiperspektivisch«: Sie schauen den Vater und *zugleich* das Kind, das sie schützen, bewahren und führen.

Die zweite Form ihres Dienstes für den Menschen ist, dass sie *Boten* sind, Verkünder, Erkenntnisvermittler, Lehrer. Besonders der »Engel des Herrn« versieht diese Aufgabe: in der Verkündigung an Maria (Lk1,26-38), aber auch an Joseph (Mt 1,20), zuvor schon an Zacharias, den Vater Johannes des Täufers, im Tempel (Lk 1,11), der Engel des Herrn und die himmlischen Heerscharen, welche die Weihnachtsbotschaft verkünden, und schließlich die Engel am Grabe, die die Osterbotschaft verkünden: »Er ist nicht hier!« (Mk 16,6)

Zumeist ist das Auftreten der Engel als Verkünder mit dem Anruf verbunden, nicht zu erschrecken ob der Fülle des Lichtes, der Kraft, mit der sich das Engelwesen offenbart: »Fürchtet euch nicht!« Die Engel sorgen dafür, dass unser Bewusstsein nicht vor Schreck abreißt, sondern »aufreißt«.

Neben dem Schutzengel und dem Verkündigungsengel haben wir drittens den *Schicksalsengel,* der alle unsere Erdenleben überschaut, in seinem Bewusstsein trägt und uns in Schicksalssituationen führt, in denen wir die Folgen früherer Erdenleben ausgleichen können. Der aber auch die Folgen neuer Taten »verwaltet« und sie in künftige Erdenleben hinüberträgt. Dies tut er im Auftrag und im Zusammenwirken mit Christus, dem Herrn des Schicksals. Der Schicksalsengel ist schweigsam, so schweigsam, dass viele ihn nicht bemerken. Aber wer ihn bemerkt, kann gerade in seinem »aktiven Schweigen« seine starke Präsenz empfinden. Der Schicksalsengel drängt sich nicht auf, aber er begleitet uns »in Rufweite«, in der Nähe. So schildert Matthäus, dass die Engel nach der Versuchung Christi und der Abwehr der Widersacher (wieder) herzutreten: »Da ließ der Versucher von ihm ab, und siehe, Engel nahten und dienten ihm.« (Mt 4,11)

Die vierte Form – nach dem Schutzengel, dem Verkündigungsengel und dem Schicksalsengel – ist der Engel an der Schwelle. Er tritt auf bei den großen Übergängen des Geborenwerdens und des Sterbens, auch hier wieder als Christus-Helfer. Das Urbild ist, dass der *Engel der Geburt* im Zusammenwirken mit allen Engelreichen die Eltern zusammenführt und die Seele in das Erdenleben hereinhineinführt, so wie der *Todesengel* auf der anderen Seite die Seele wieder aus dem Irdischen hinausgeleitet, wie bei dem urchristlichen Märtyrer Stephanus. Er ist der einzige Mensch im Neuen Testament, von dem in Todesnähe gesagt wird, dass sein Antlitz leuchtete »wie das Antlitz eines Engels«. (Apg 6,15) Unmittelbar vor seiner Steinigung spricht er – so Lukas: »Siehe, meinem Schauen sind die Himmel aufgetan.« (Apg 7,56) Er hatte den Übergang in das Licht der Engelwelt schon vor und um sich. Die Engel der Geburt und des Todes hüten Eingang und Ausgang, die großen Schwellen unseres Erdenlebens. Immer da, wo in uns Ideale erwachen, sei es an der Schwelle zum Jugendalter oder plötzlich in besonderen Schicksalssituationen, d. h. in *jedem* Alter können wir *Rufe der Engel* erleben und empfinden wie z. B.: »Gib dich nicht zufrieden mit dem, was Du geworden bist! In dir steckt größeres Potenzial! Auf dem Grunde deiner Seele ruhen Schätze, die gehoben werden wollen, Samen, Keimlinge! Brich auf und suche die anderen, in deren Herzen die gleichen Ideale rufen!«

Bei allen vier Aspekten, die wir jetzt vor uns haben – Schutzengel, Verkündigungsengel, Schicksalsengel, Schwellenengel –, geht es darum, *was Engel für uns Menschen tun.*

In unserer Zeit wird aber ein neuer weiterer Aspekt der Beziehung zwischen Mensch und Engel immer wichtiger werden. Versuchen wir uns vorzustellen und zu empfinden, was in den

Engeln *selber* vorgeht, was sie bewegt und schmerzt – aber auch, was sie von uns erwarten, erhoffen, ersehnen.

Heute werden die Engel schweigsamer, zurückhaltender, abwartender, aber zugleich aufmerksamer, zugewandter, interessierter – wenn wir für sie aufwachen, uns für sie interessieren. Wir können ahnen: In ihnen leben Schmerz, tiefe Trauer, Verzweiflung über das Treiben der Menschen aber – allem zum Trotz – auch Erwartung, ewige Hoffnung und Treue zu den Menschen. Ihre Hoffnungen, ihre Erwartungen und Sehnsüchte aus dem fortwährenden Hinschauen auf Christus, den Menschensohn, das *Urbild des Menschen* – ahnen wir sie?

Diese Sehnsucht der Engel nach dem Menschen hat Christian Morgenstern (1871–1914) schon vor über hundert Jahren tief empfunden und in erschütternde Worte gebracht, wie aus dem Engel zum Menschen gesprochen:

(Der Engel:)

– »O wüsstest du, wie sehr dein Antlitz sich/ verändert, wenn du mitten in dem Blick,/ dem stillen, reinen,/ der dich mir vereint, dich innerlich verlierst und von mir kehrst.

– Wie eine Landschaft, die noch eben hell,/ bewölkt es sich und schließt mich von dir aus./ Dann warte ich. Dann warte schweigend ich,/ oft bange. Und wär ich ein Mensch wie du,/ mich tötete verschmähter Liebe Pein./

– So aber gab unendliche Geduld/ der Vater mir und unerschütterlich/ erwarte ich dich, wann du immer kommst./ Und diesen sanften Vorwurf selber nimm/ als Vorwurf nicht, als keusche Botschaft nur.«

Christian Morgenstern
(Stuttgarter Ausgabe, Bd. II, Stuttgart 1992, S. 251)

Morgenstern ist einer derer, die eine *neue Perspektive* im Verhältnis von Engelwelt und Menschenwelt suchen, die nicht mehr nur nach dem fragen, was wir von den Engeln bekommen können, sondern *was in ihnen selber vorgeht, wie es ihnen mit uns geht.*

Inwiefern beginnt damit eine *neue Epoche* – wenn auch nicht generell, so doch in einzelnen Menschen? Um das deutlich zu machen, müssen wir etwas weiter ausholen. Die Natur bildet uns zu einem Naturwesen, durch unser Leben in einer Gesellschaft passen wir uns den Gesetzen an. Viele haben inzwischen gelernt, sich der Gesellschaft *zunächst* gegenüberzustellen: »Was sind *meine* Bedürfnisse, wo finde ich, was *zu mir* passt, wo kann ich mich am besten *selbstverwirklichen?«* Aber ist das schon das Ziel? Oder wird von uns mehr erhofft, erwartet, ersehnt?

Dass der *einzelne Mensch* in seiner *Würde* der oberste Maßstab für die persönliche Lebensführung und die Gestaltung der Gesellschaft ist – und nicht z. B. die Gesetze der Kirche –, geht in seinen historischen Wurzeln zurück bis in die Zeit der *Renaissance* (ca. 1350–ca. 1550). Als Ideal des Menschen begann aufzuleuchten das Bild der freien, unabhängigen Persönlichkeit, gefördert durch Bildung des Geistes an der Antike, unter Anerkennung der moralischen Gleichwertigkeit aller Menschen. In dem italienischen Dichter Francesco Petrarca (1304–1374) kündigt sich diese Zeit bereits an. Durch seine kritische Denkart und seine hervorragenden Sprachkenntnisse gilt er als der eigentliche Begründer des Humanismus.

Umso erstaunlicher und interessanter ist, dass er beklagt, dass seine Zeit – also die Zeit des beginnenden *Humanismus* – zwar die Natur in all ihren Schönheiten neu entdecke, aber immer weniger vom *wahren Wesen des Menschen* wisse! Er schreibt:

> »Die Menschen gehen ihres Weges und bewundern die Gipfel der Berge, die ungeheure Flut des Meeres, das Abwärtsgleiten der breiten Ströme und die Kreisbahn der Sterne – *von sich selbst jedoch entfernen sie sich immer mehr.*«[4]
>
> (Hervorhebung G. D.)

Eine rätselhafte Aussage! Inwiefern entfernen sich die Menschen immer mehr von sich selbst, während sich doch der unabhängige freie Mensch in seiner Selbstentfaltung gerade ins *Zentrum* rückt? Stellen wir daneben ein Zeugnis des Nikolaus von Kues (1401–1464). Auch er ist vom Geist der heraufkommenden neuen Zeit ergriffen, studiert die Rechte, befasst sich intensiv mit Mathematik und Physik, aber auch damit, wie man in dieser neuen, in dieser Umbruchzeit das Wesen des Menschen so verstehen kann, wie es der Dynamik der neuen Zeit entsprechen, wie es mit dieser Zeit mitgehen kann. Nikolaus behält die *vertikale Dimension* zur Himmelswelt in seinem Menschenbild bei, gibt ihm aber eine neue Wendung. Für ihn ist das Wesen Gottes primär *Wille,* schöpferische Kraft, Potenz zur Gestaltung. Deshalb bedeutet die Gottebenbildlichkeit des Menschen für Nikolaus *Teilhabe des Menschen an der göttlichen Schöpferkraft.* So kommt er zu mutigen, überraschend modernen Formulierungen, z. B.: Als schöpferischer, tätiger Geist ist der Mensch »Gott, wenn auch nicht absolut, da er Mensch ist. Er ist also ein menschlicher Gott ..., Gott auf menschliche Weise ...« (De coniecturis II c I,4)

Damit erreicht die Theologie wieder eine Höhe, die sie besonders bei Paulus hatte. Er nennt diejenigen Menschen »Söhne Gottes« (Rö 8,19), die aus der Kraft des »Christus in uns« (Kol 1,27) sich den Engeln *bewusst* öffnen, um sich bewusst zu machen, was wir zwar nachts erfahren können, aber zumeist vergessen: Was lebt in den Engeln in Bezug auf den Menschen? Wie blicken sie auf uns? Mit welchen Hoffnungen und Sehnsüchten? Auch unser Gewissen kann zu einem Organ werden, in dem unsere nächtlichen Begegnungen mit den Engeln nachklingen.

Diese Seite der Beziehung zwischen Menschen- und Engelwelt ist bisher noch kaum ins allgemeine Bewusstsein getreten. Und doch gibt es in Paulus einen Menschen, der zwar vor langer Zeit gelebt hat, aber für uns in dieser Frage »Was bedeuten *wir* für die Engel, für die göttliche Welt?« Zukunft ist. Paulus ist ein früher »Experte« dafür. Seine Engellehre wartet darauf, neu entdeckt zu werden. Sie kann – so scheint mir – in der gegenwärtigen Frage, welches Menschenbild uns in Zukunft leiten soll, entscheidende Denkanstöße, neue Perspektiven und erhöhtes Verantwortungsgefühl vermitteln.

Durch die Entwicklung der KI stellen sich ganz neue Fragen: Ist der Mensch bald überholt, weil ihm Rechner in ihrer Leistungsfähigkeit in bestimmten Bereichen überlegen sind? Gibt es etwas, was nur der Mensch kann? Die Auseinandersetzung mit dem Menschenbild des Transhumanismus kann uns wach machen für die Frage: *Was ist der Mensch?* Was ist der Mensch aus umfassender Perspektive? Was ist der Mensch aus der Perspektive der Engel? Haben wir als Menschen *Verantwortung* nicht nur für die Umwelt, die Erde im Ganzen, die Elemente, sondern auch gegenüber der Welt über uns, den Engelreichen? Dass Paulus Entscheidendes dazu zu sagen hat, zeugt von der Modernität dieses Eingeweihten. Wer war Paulus, der von ca. 3 bis 66 n. Chr. lebte und vom Christenverfolger zum Christuskünder wurde, das Christentum nach Europa trug, und dessen Briefe das früheste Zeugnis gelebten Christentums sind?

Vorblickend können wir sagen: Das Ereignis von Damaskus hat Paulus *hellsichtig* gemacht. Indem er dieses Erlebnis seelisch und gedanklich-begrifflich verarbeiten konnte, wurde er ein *Eingeweihter*. Darüber hinaus erwarb er sich die Fähigkeit, *aus* den Menschen heraus und *für* sie zu formulieren (den Römern ein Römer, den Griechen ein Grieche, den Korinthern ein Korinther (Rö 1,16)) und wurde so *Geisteslehrer*. Paulus hat als Hellseher, Eingeweihter und Geisteslehrer gewirkt – und war zugleich sehr menschlich, wie es beispielsweise an den persönlichen herzlichen Grüßen am Ende seiner Briefe zu erleben ist.

In Athen traf Paulus auch auf Dionysius, den Areopagiten (Apg 17,34). Dieser wurde sein *Geistesschüler*, der Tradition nach Leiter der *Schule von Athen*. Rudolf Steiner hat dargestellt, dass Dionysius über seinen Tod hinaus Genius dieser Schule von Athen blieb. Die geistigen Inhalte dieser Schule wurden zunächst nur mündlich an die Mysterienschüler weitergegeben. Erst aus dem 5. / 6. Jahrhundert sind Schriften unter dem Namen des Dionysius Areopagita überliefert, u. a. seine Engellehre, die wohl letztlich auf den Eingeweihten Paulus, den Gründer der Schule, zurückgehen dürfte. Die Schriften des Dionysius gehörten das ganze Mittelalter über zu den am meisten gelesenen theologischen Schriften.[5]

Aber schon in seinen Briefen, den frühesten Zeugnissen des Christentums, Jahrzehnte bevor die Evangelien entstanden, erweist sich Paulus als Vermittler zwischen Menschen- und Engelwelt, wird Sprachrohr und Dolmetscher für das, was die Engel von uns erhoffen. Paulus ist – wie später Thomas von Aquin – ein »Doctor angelicus«, ein engelgleicher Lehrer.

Um aber zu ermessen, wie viel Großes in den Paulusbriefen noch zu entdecken ist, welche Brisanz insbesondere in den

»Ihr-seid«-Worten steckt, wenden wir uns zunächst dem Menschenbild unserer Zeit zu.

Unser gegenwärtig herrschendes Menschenbild ist oft unausgesprochen, wird nicht reflektiert, aber ist dennoch nicht weniger wirksam. Deswegen ist die folgende Bestandsaufnahme und Analyse eine Frage nicht nur von theoretischer, sondern von praktischer Bedeutung. Denn unser Menschenbild prägt unser Selbstverständnis, unsere sozialen Beziehungen und unser Verhältnis zur Natur, zur Erde: Der Mensch ist das, als was er sich selbst versteht.

I. Menschenbilder, die uns geprägt haben und prägen

1. Welche Vorstellung vom Menschen soll uns in Zukunft leiten?

Die Engel schauen auf uns mit höchstem Interesse, sie leben und leiden mit uns, sie hoffen auf uns – auch wenn wir davon nicht die geringste Ahnung haben. Warum wissen wir nicht davon? Die Konstitution des Menschen hat sich grundsätzlich verändert. Geht man davon aus, dass der Mensch aus Leib, Seele und Geist besteht, so muss man konstatieren, dass die Seele sich immer stärker dem *Leib* angenähert, angeglichen, sich mit ihm verbunden hat. Dadurch ist die Verbindung mit dem *Geist* schwächer geworden; der Kontakt zum Geist, der »seidene Faden«, droht ganz abzureißen. Die Seele leugnet den Geist und empfindet: »Gott ist tot«, denn ich erlebe ihn nicht mehr: weder in der Natur noch in mir noch in den anderen Menschen. Die Geisteswissenschaft nennt dies die *Gottesleugnerkrankheit,* von der wir alle infiziert sind. Eine Pandemie, eine Krankheit, die wir alle in uns tragen. Die entscheidende Frage steht jetzt vor uns: Erleben wir diesen Zustand *als Krankheit?* Leiden wir darunter? Schreien wir innerlich um Hilfe wie Verschüttete? Verzweifeln wir an unserer Armut, an unserem Zustand?

»Wo Gefahr ist, wächst das Rettende auch«, sagt der Dichter Friedrich Hölderlin, der wie kaum ein anderer unter der Gottesferne seiner Zeitgenossen gelitten hat. Erkennen wir aber die *Gefahr?* Die Gefahr, dass wir unsere Vertikalität verleugnen, indem wir uns nicht nur als höher entwickeltes Tier *definieren,* sondern uns sogar mit dieser Definition als »alternativlos« *identifizieren*? Empfinden wir das als eine *tödliche Gefahr?*

Wir stehen an einem *Scheideweg.* Das wird deutlich, wenn wir uns auf die Perspektive der göttlichen Welt, auf die Perspektive der Engel einlassen. Die Engel bieten uns Hilfe an, aber sie drängen sich nicht auf. Sie sind schweigend präsent, lassen uns frei. Aber sie regen in unserer Seele *Ideale* an. Sie tun das jetzt noch, während wir schlafen, aber unsere Gegenwartsaufgabe besteht darin, dass wir *aufwachen für diese Ideale* und sie aus wachem Bewusstsein im Leben, in der Welt verwirklichen. Welche Ideale sind das?[6]

Das Erste, was tief in unserer Seele lebt und wirksam werden möchte, ist Mitgefühl, Mitempfinden mit der gesamten Menschheit, mit dem Schicksal aller Menschen, sich insgesamt als *eine* Menschheit zu empfinden.

Im Folgenden werden wir wesentliche Menschenbilder aus Geschichte und Gegenwart vorstellen. Das soll der Klärung der eigenen Position jedes Lesers dienen: Wo stehe *ich* in diesen Fragen? Zu welcher Auffassung vom Menschen neige *ich*? Wenn *ich* bestimmen könnte, wohin würde es gehen? Welches Menschenbild wollen wir unseren Kindern vermitteln?

Dazu ein kurzer Vorblick:

Einige Anmerkungen zu Rudger Bregman[7] führen zu Fragen an das Menschenbild des Transhumanismus: »Über den Menschen hinaus?« (siehe Kap. 2) Die Forschungen des Soziologen Hans Joas[8] zur Entwicklung der allgemeinen Menschenrechte bringen als eine Art Kontrapunkt einen ganz anderen Aspekt der neueren Geschichte zum Vorschein: den Aspekt einer allmählichen »Sakralisierung der Person«, d. h. jedes Menschen, unabhängig von Geschlecht, Hautfarbe usw. (c.3). Zur Erweiterung unseres heutigen Menschenbildes können im Sinne einer »Zukünftigkeit von Vergangenem« einige Beispiele aus der Dichtung beitragen, die alle den *Entwicklungsgedanken* in Bezug auf den Menschen vertreten – J. W. v. Goethe, Fr. Rückert und Fr. Hebbel. (c.4). Ein weiteres Kapitel befasst sich mit den Engeln in uns heute: »Ideale: Rufe aus der Zukunft. Von der Arbeit der Engel in uns« (c.5). Auf dem Hintergrund dieser fünf Kapitel scheint es fruchtbar, ja aktuell, den »Mythos vom ersten Menschen« zu erinnern und seine Bedeutung für unser Menschenbild heute neu zu bedenken. (c.6)

Das Bild des Menschen soll im Folgenden nicht fest definiert, sondern umkreist, von verschiedenen Seiten beleuchtet werden. Der Mensch ist offenbar das einzige Wesen, das von sich selbst Abstand nehmen, sich selbst von außen anschauen und von sich selber eine Idee, einen Begriff ausbilden kann von dem, was der Mensch als Mensch ist. Das so entstehende Menschenbild ist aber immer geprägt von der jeweiligen Zeit und von Eigenart, Blickwinkel und Weltanschauung dessen, der es entwirft. Als Künstler schilderte Hans Arp (1887–1966) ein ganzes Panorama des Menschseins, sehr verschiedene gegensätzliche Facetten, und kommt gerade dadurch dem Wesentlichen des Menschen näher, seinen unbegrenzten Möglichkeiten:

»Der Mensch ist ein Flötenbläser.
Der Mensch ist ein Leierspieler.
Der Mensch ist ein Tempelbauer.
Der Mensch ist aber auch ein mordgeiler Schwerterschmied.
Mit welch elementarer Geschäftstüchtigkeit sind in den Gesängen des Homer die Ergebnisse der Schlächtereien aufgezählt.

Der Mensch ist eine schönheitstrunkene Spinne.
Der Mensch ist ein reißender Wolf, der Kuckuck ruft.
Der Mensch ist ein Bogenschütze, der Fingerhüte erlegt, ein hoffnungslos vernagelter Mörder, ein Atompilzzüchter mit Großvaterkäppchen auf dem Kopf, der alles bisher Erreichte mitsamt seinem Erreichten in den endgültigen Schatten stellen wird [...]
Das Unsinnige, das Ungeheure, das Tobsüchtige ist das Ziel seines Strebens. Der Mensch findet es natürlich, das Unnatürliche zu begehren. Weil er keine Flügel hat, will er Flügel haben und fliegen. Die Flügel haben es ihm besonders angetan. Er fühlt sich gottähnlich, wenn er mit einem Kübel Benzin unter seinem Hintern in den Himmel saust.
Der Mensch ist aber auch eine beseele Knospe.
Der Mensch ist aber auch ein Dichter.
Der Mensch ist aber auch ein Heiliger,
ein regenbogenfarbener Engel.«[9]

Die zerstörerische und die zarte, die erfinderische und poetische, die finstere und die helle Seite des Menschen kommen hier zu Wort: Der Mensch ist zu allem fähig!

Zur Frage des Menschenbildes gehört auch die uralte Frage: Ist der Mensch von Natur aus gut oder böse? Neuerdings hat der holländische Historiker Rudger Bregman (* 1988) mit seinem 2019 erschienenen Buch *Im Grunde gut. Eine neue Geschichte der Menschheit* einen vielbeachteten Beitrag zu dieser Frage gegeben. Nachdem mehrere deutsche Verlage abgelehnt hatten, erschien das Buch 2020 in deutscher Übersetzung, die 2023 schon die 10. Auflage erreichte. Das Buch wurde bereits in 44 Sprachen übersetzt! Warum haben es zunächst deutsche Verlage abgelehnt – und warum wurde es dann so ein Riesenerfolg? Bregmans These, die er mit Beispielen aus Psychologie, Ökonomie, Biologie, Geschichte und Archäologie stützt, ist, dass der Mensch – wie der Titel des Buches schon sagt – »im Grunde gut ist«. Damit tritt er der heute weitverbreiteten Ansicht entgegen, die von einem pessimistischen Menschenbild ausgeht, nach dem nur »etwas zivilisatorischer Lack« verhindere, dass unsere böse, aggressive, zerstörerische Natur ausbricht. Ohne die schrecklichen Geschehnisse der Geschichte zu leugnen, ist die Quintessenz von Bregmans Ansicht der Evolution:

»The survival of friendliest« (S. 85). Nicht Stärke, Intelligenz und List seien die entscheidenden Faktoren der Evolution, sondern die Fähigkeit zu *Kooperation,* zu vertrauensvollem Miteinander. Das – so Bregman – berechtigt uns zu der Hoffnung, dass eine menschliche, gerechte und ökologisch ausgewogene Welt möglich ist – unter der Bedingung, dass wir erkennen, dass wir besser sind als wir denken, dass – so heißt es relativierend – die meisten Menschen im Grunde gut seien. Das Buch endet mit der Feststellung, dass unser vorherrschendes *pessimistisches Menschenbild* der vielschichtigen Realität des Menschen nicht entspreche: »Es ist Zeit für ein neues Menschenbild.« (S. 433)

Im Folgenden soll dieses Motiv aufgegriffen werden. Es wird deshalb darum gehen, *Bausteine für ein neues Menschenbild* zu gewinnen, auch gerade in der Auseinandersetzung mit Auffassungen vom Menschen, die nicht zu teilen wir Gründe sehen. Aber die Auseinandersetzung mit solchen Menschenbildern kann den Blick schärfen für das, was wir selber wollen. Eine schnell wachsende Bedeutung hat für uns alle der Transhumanismus und dessen Auffassung vom Menschen (c.2).

2. Über den Menschen hinaus? Fragen an den Transhumanismus

In einem von Jahr zu Jahr wachsenden Ausmaß sind wir von äußeren Katastrophen bedroht und betroffen. All dies tritt so in den Vordergrund, dass die geistigen Bedrohungen schwerer erkennbar geworden sind. Eine solche grundsätzliche, geistige Bedrohung scheint mir die wachsende Unsicherheit und Unkenntnis darüber zu sein, was der Mensch seinem innersten Wesen nach ist, was sein Ursprung und was seine Aufgabe auf der Erde ist. Die Frage, was der Mensch seinem innersten Wesen nach ist, scheint vielfach als antiquiert, als überholt empfunden zu werden. Ist aber nicht in Wahrheit ein *Bewusstseins-Vakuum* entstanden, in das Auffassungen vom Menschen eindringen, die kritisch zu befragen sind?

Es gibt heute keine allgemein anerkannte, für alle gültige Vorstellung vom Menschen mehr, wie es in älteren Kulturen der Fall war. Das so entstandene Vakuum macht uns scheinbar frei, bringt uns aber gleichzeitig in Gefahren, die erkannt werden müssen.

Ein konkretes Beispiel mag das verdeutlichen. Die amerikanische Unabhängigkeitserklärung proklamiert ein bis heute noch nicht eingelöstes Versprechen: »All men are created equal.« Es ist offensichtlich, wie zäh und mühsam der Weg zur Verwirklichung dieses Menschheitsideales ist. Aber noch etwas anderes ist es, wenn in demselben Staat (und auch in anderen Staaten) dieses Ziel heute zynisch missachtet und mit Füßen getreten wird.

Es geht heute um das Geschäft mit der menschlichen Aufmerksamkeit, dem wichtigsten »Rohstoff« der Zukunft, ökonomischer Erfolg wird immer mehr davon abhängen, wie durch

Werbung die Aufmerksamkeit der Kunden erreicht und ihr Kaufverhalten beeinflusst wird.

Ein Beispiel: Die Firma *Acxiom*,[10] gegründet 1969, handelt als Dienstleister für kundenorientiertes Marketing mit den Daten von ca. 300 Millionen US-Bürgern, die zumeist wohl gar nicht ahnen, was Acxiom alles über sie weiß. Um die gesammelten Daten profitabel zu verkaufen, werden sie so zubereitet, dass sie optimal für gezielte Werbung eingesetzt werden können. Die Menschen werden von Axciom in siebzig Kategorien eingeteilt und im Katalog mit ihren Daten wie Waren zum Kauf angeboten. So gehören z. B. zur Gruppe der »Shooting Stars« kaufkräftige Menschen um die vierzig ohne Kinder. Zur untersten dieser siebzig Menschenklassen gehören alle, die nicht kreditwürdig, deshalb als Konsumenten uninteressant und ökonomisch ohne Nutzen sind. Diese modernen Parias, deren Daten niemand haben will, nennt Acxiom »Müll« (waste). Das ist menschenverachtend, die Verfassung der USA verhöhnend, aber zugleich nur konsequent. In unserem weltweiten Wirtschafts- und Gesellschaftssystem zählt nur der kaufkräftige Konsument. Die Entwicklung zum »Eindimensionalen Menschen«, vor der Herbert Mareuse schon 1963 in seiner gleichnamigen Gesellschaftsanalyse warnte, ist breite Realität geworden. Der »wahre Mensch« ist zur »Ware Mensch« geworden.

Firmen wie Acxiom, die als Daten-Firmen den Unternehmen ermöglichen, durch gezielte Werbung maximale Profite zu erzielen, offenbaren die Differenz zwischen Verfassungs*idee,* Verfassungs*ideal* und Verfassungs*wirklichkeit.* »All men are created equal«, aber in einer auf Profitmaximierung fixierten Ökonomie zählt nur die finanzielle Potenz der Menschen. Ohne diese Potenz gelten sie im Extremfall als »Müll«. Für die Zukunft drängt sich die Frage auf: Was wird mit solchem Müll geschehen ...?

Die herrschende Profitökonomie bewertet bzw. ent-wertet den Menschen nach seiner Kaufkraft. Noch viel grundsätzlicher aber stellt der *Transhumanismus* das Menschsein des Menschen infrage. Dessen Credo – bei aller Verschiedenheit der einzelnen Vertreter – besteht darin, »über den Menschen hinaus« (Trans-Humanismus) zu wollen. Denn die Entwicklung habe gezeigt, dass der Mensch der sich immer schneller entwickelnden elektronischen Datenverarbeitung und der darauf aufbauenden Künstlichen Intelligenz hoffnungslos unterlegen sei. Der Mensch – so heißt es – sei am Ende seiner Entwicklung angelangt. Man müsse versuchen – so die einen –, ihn *technisch* zu *verbessern* (enhancement), oder – so andere – ihn zu *ersetzen* durch eine Maschine, auf die alle seine Bewusstseinsinhalte übertragen werden, um ihm so weitere Entwicklung zu ermöglichen. Kritiker sprechen solchen Gedanken gegenüber von einer drohenden »Selbstabschaffung des Menschen«.

Auch die weltweit protestierenden Studenten der 60er- und 70er-Jahre des 20. Jahrhunderts wollten »über den Menschen hinaus«, dem »Haben« wichtiger war als »Sein«. Sie wollten sich mit dem »Status quo« nicht zufriedengeben. Sie wollten einen gesellschaftlichen Umbruch, einen Aufbruch auf der Suche nach einer humaneren Gesellschaft, nach dem befreiten Menschen. Sie strebten dies an mit Gemeinschaft stiftenden Demonstrationen und Protestaktionen letztlich mit dem Ziel, die Menschen zu sich selbst, zu ihren verschütteten menschlichen Möglichkeiten zu erwecken. Sie glaubten an die Wandlungsfähigkeit von Mensch und Gesellschaft.

Auch der Transhumanismus will über den »Status quo« hinaus. Aber er blickt *von außen* auf den Menschen, vergleicht sein (rechnerisches) Leistungsvermögen *von außen* mit den Computern, bewertet *von außen* seine Produktivkraft mit der von modernen Maschinen. Für die Transhumanisten ist der Mensch ein »Mängelwesen«. So scheint es nicht prinzipiell ausgeschlossen zu sein, dass in Zukunft pränatal die Struktur der Gene umgeschrieben werden könnte, sodass Eigenschaften und Fähigkeiten von Menschen mit Gentechnik hergestellt bzw. unterdrückt werden könnten. Der gewünschte Mensch, der Mensch »by design«, würde nach den Interessen der »Hersteller« produziert. Die Technik schafft erschreckende Möglichkeiten. Sind wir ihnen gewachsen, wollen wir sie?

Ein entscheidender Mangel des Menschen ist für die Transhumanisten neben Ermüdung und Erholungsbedürftigkeit die Tatsache von *Alter und Tod.* Alter und Tod sollen mit technischen Mitteln überwunden und letztlich eliminiert werden. Eine »Neue Unsterblichkeit« ist das erklärte Ziel z. B. von Ray Kurzweil (* 1948), einem der führenden Vordenker des Posthumanismus. Die Fantasien Kurzweils gehen weit über die Entwicklung von »Denkmaschinen«, parallel zur Menschenwelt, hinaus. Unser maschineller »Doppelgänger«, unser Algorithmus, ist dabei, *in uns einzuziehen.*

Konsequent plädiert Kurzweil deshalb dafür, das menschliche Herz durch eine *Maschine* zu ersetzen.[11] Interessanterweise nimmt Kurzweil gerade am menschlichen Herzen Anstoß. Von seinem Gesichtspunkt aus ist das Herz ein *Störfaktor*, verantwortlich für eine Unzahl von Irrtümern. Denn es ist *unberechenbar.* Das stört! Kurzweil plädiert dafür, sich ganz vom menschlichen Herzen zu verabschieden und es durch konstante, berechenbare Maschinen mit gleichen Funktionen zu ersetzen.

Eine neue Unsterblichkeit durch technische Mittel zu erreichen, formuliert auch Fereidoun M. Esfandiary, ein anderer führender Transhumanist, als sein erklärtes Ziel.[12] Denn solange es den Tod gebe, sei niemand frei. Der Tod sei das drückendste Problem, mit dem wir überall konfrontiert werden. Durch Eliminierung des Todes werde uns alles möglich werden.[13] Für Esfandiary ist Unsterblichkeit nur mehr eine Frage des »Wann«, nicht mehr eine Frage des »Ob«.[14] Damit steht er nicht allein. Auch für Robert Ettinger, den Begründer der Kryonik[15], ist der Mensch nicht nur ein alterndes, sterbliches Mängelwesen, sondern eine *Krankheit* (disease), von der wir uns verabschieden müssen, um uns selber zu *heilen*.[16] Dann werden wir in eine *goldene Zukunft* eintreten in einem »erwachten Universum«, in dem sich alle Intelligenzen zu einer Superintelligenz verbinden.

Eine besondere, hochaktuelle politische Variante von »Transhumanismus« ist die Schaffung eines *automatisch guten* Menschen im Rahmen eines umfassenden digitalen Überwachungsstaates. So ist das explizite Ziel der KP Chinas – wovon westliche Technokraten nur verschämt träumen – die totale Kontrolle des »gläsernen Menschen«.[17] 2016 hieß es in staatlichen Richtlinien, dass die automatische Verifizierung, die automatische Überwachung und die automatische Bestrafung jedes »Vertrauensbruchs« angestrebt wird, und zwar mithilfe der »Beschleunigung der Bestrafungssoftware«. Wer in Shanghai heute bei Rot über die Ampel geht, bekommt die Strafe *automatisch* aufs Smartphone gesendet.[18] Gearbeitet wird an einem flächendeckenden *Sozialkreditsystem*. Strittmatter zitiert die dafür zuständige Abteilungsleiterin in Shanghai, die von diesem System begeistert ist und hofft, dass es allmählich vollständig *verinnerlicht* wird. Dann müsse man gar nicht mehr darüber sprechen, weil keiner mehr wage, an einen »Vertrauensbruch« zu denken. Dann sei man am Ziel des *automatisch guten »neuen Menschen«*.

Die westliche Variante zu einem solchen mentalen Transhumanismus hat Dave Eggers (* 1970) in einer mahnenden Zukunftsvision entworfen:[19] Der gläserne Konsument bekäme vom Unternehmen EVERY ununterbrochen Bewertungen, Rankings, Aufforderungen und Ermahnungen. Er lebt getrieben von Optimierungs- und Konformitätsdruck. Statt auf seine eigene innere Stimme zu hören, auf ein Gefühl für seinen eigenen Körper zu achten, wird er von Maschinen erinnert, Wasser zu trinken, Gymnastik zu machen und – zu lachen ... *Der Wunsch zur unendlichen Selbstoptimierung ersetzt die staatliche Überwachung.*

Der israelische Historiker Yuval Noah Harari (* 1976) hat 2017 die *Geschichte von morgen*[20] mit dem interessanten Titel *Homo deus* veröffentlicht. Was ist damit gemeint? In den letzten Jahrhunderten hat die mathematisch operierende Naturwissenschaft die Religion verdrängt. Der Mensch hat sich an die Stelle Gottes gesetzt. Er ist zum Schöpfer einer zweiten, der technischen Welt im weitesten Sinn geworden. Diese technische Welt hat als *Außenwelt* begonnen, z. B. als mechanischer Maschinenbau; durch Kybernetik und Elektronik wurden sich selbst steuernde Systeme entwickelt. Die sprunghaft sich entwickelnde Medizintechnik dringt immer tiefer in den Menschen ein, verpflanzt und ersetzt Organe. Die Implantierung von Mikrochips z. B. in Kühe liefert dem Landwirt wichtige Daten. Es beginnt die Implantierung von Chips in den Menschen, in das Gehirn. Zusammengefasst: Die zweite, die vom Menschen geschaffene, technische Welt *dringt immer mehr in den Menschen ein*.

Harari prognostiziert, dass infolge dieser Entwicklung sich das Selbstverständnis des Menschen radikal ändern werde. *Die*

Idee eines autonomen Individuums werde sich immer mehr als Illusion erweisen und schließlich verschwinden. Stattdessen werden sich die Menschen betrachten »als eine Ansammlung biochemischer Mechanismen, die von einem Netzwerk elektronischer Algorithmen ständig überwacht und gelenkt werden«.[21] Er rät deshalb, dem Rat der Algorithmen zu folgen. Erstens, weil sie klüger seien, und zweitens, weil sie uns von unseren unsinnigen Begierden befreien. Kritiker bezeichnen diesen Prozess, dass von Menschen geschaffene Geräte immer mehr in den Menschen eindringen, ihn »verbessern« und ihn immer mehr »ersetzen«, als drohende *Selbstabschaffung des Menschen*. Hier taucht wieder die Frage auf: Was meinen wir mit »Mensch«? Was wollen wir in Zukunft unter »Mensch« verstehen und leben?

Versucht man, den Transhumanismus im Ganzen zu überschauen, fällt auf, dass in den Konzepten ihrer führenden Vertreter religiös klingende, an Religion erinnernde Motive und Konzepte auftreten. Denn die möglichst vollständige Digitalisierung aller Lebensbereiche soll *Allwissenheit* schaffen; deren Anwendung durch Staaten könnte zur absoluten Kontrolle, zur *Allmacht* führen. Die Überwindung des bisherigen, »defizitären« Menschen eröffnet den Raum für eine Symbiose von Mensch und Maschine sowie für eine *neue Evolution*, ein neues »goldenes Zeitalter« nach Abschaffung des Todes (F. M. Esfandiary). Der Transhumanismus wird hier zu einer *neuen Religion!* Ähnlich betont auch Ralf Hanselle den religiösen Aspekt des Transhumanismus.[22]

3. Die Sakralisierung der Person. Zur Entwicklung der allgemeinen Menschenrechte

Wir leben in einem »Zeitalter der Extreme«. Das betrifft das zum Beispiel das Wetter: Hitze- und Dürreperioden wechseln mit Starkregen und Überschwemmungen, Kälteeinbrüche mit Hitzerekorden. Das betrifft aber auch das Innere des Menschen, sein Bewusstsein. Wohl noch nie existierten solch extrem gegensätzliche Auffassungen vom Menschen nebeneinander. Der Transhumanismus betrachtet den Menschen – wie beschrieben – als »Auslaufmodell«, als defizitär, als den vernetzten Großcomputern an kombinatorischer Leistungsfähigkeit hoffnungslos unterlegen und nicht wirklich verbesserbar.

Daneben steht eine ganz andere Auffassung vom Menschen, die von der »Sakralität der Person«, d. h. der Unantastbarkeit *jedes* Menschen spricht, unabhängig von Hautfarbe, Geschlecht, Status, »Behinderung«, Kreditwürdigkeit usw. Respekt, Achtung vor jedem Menschen als Menschen leben in diesem Menschenbild. Statt von Transhumanismus könnte man von wachsendem *neuen Humanismus* sprechen: Die *Würde des Menschen* ist Mittelpunkt dieses Menschenbildes.

Die Idee einer »Sakralität der Person« ist durch den Soziologen Hans Joas (* 1948) einer breiteren Öffentlichkeit bekannt geworden.[23] Joas war bei dem französischen Religionssoziologen Émile Durckheim (1858–1917) auf die Formulierung »sacrité de l'personne« gestoßen, griff sie auf und machte sie zum Leitbegriff umfangreicher Forschungen, u. a. über die Idee und Entwicklung der universellen Menschenrechte, die Idee der Unantastbarkeit der Person und damit zusammenhängende Themen. Joas entschied sich für diesen Begriff der »Sakralität der Person«, weil ihm dieses Konzept offen erschien, noch auf Erschließung wartend.

Sein Bestreben geht dahin, den historischen Prozess der allmählichen Sakralisierung der Person geschichtlich-soziologisch zu beschreiben: Diese Idee blitzte schon in der Antike in der »Achsenzeit« (ca. 800–200 v. Chr.) auf, konnte sich aber nicht allgemein durchsetzen. Erst gegen Ende des 18. Jahrhunderts mit der Unabhängigkeitserklärung der USA von 1776 und der von ihr beeinflussten Französischen Revolution von 1789 begann der »Siegeszug der Menschenrechte« mit – wie Joas einräumt – vielerlei Rückschlägen und Gefährdungen. *Aber es hat angefangen.* Eine Art *Bewusstseinssprung* hatte sich vollzogen. Der Stern der Gleichheit aller Menschen vor dem Gesetz war *als Idee* geboren: »All men are created equal«, auch wenn die Praxis bis heute weltweit sehr weit hinter dieser Idee zurückbleibt. Wie umstritten aber 1776 diese Idee war, zeigt ein historisches Detail: Bei der Verabschiedung der entsprechenden Teile der Unabhängigkeitserklärung leistete ein Republikaner erbitterten Widerstand – um ein Haar mit Erfolg. Seine Begründung war, solche Ideen passten nicht zu den USA!

In der Zeit der Aufklärung um 1800 bekam die Idee der allgemeinen Menschenrechte starken Auftrieb, besonders in England, USA und Frankreich. Der Impuls blieb aber noch auf einzelne Nationen beschränkt. Einen neuen starken Impuls bekamen die Universalisierung und Kodifizierung der Menschenrechte erst nach dem Zweiten Weltkrieg und als geistige Antwort auf ihn. Ein Meilenstein in dieser Entwicklung ist die Allgemeine Erklärung der Menschenrechte, die am 10. Dezember 1948 in Paris verkündet wurde, eine rechtlich nicht bindende Resolution der Generalversammlung der Vereinten Nationen.[24] Der erste Artikel umschreibt die Sakralität der

Person: »Alle Menschen sind frei und gleich an Würde und Rechten geboren. Sie sind mit Vernunft und Gewissen begabt und sollen einander im Geist der Brüderlichkeit begegnen.« Es heißt nicht mehr »geschaffen« wie noch 1776, sondern »geboren«. Die Zeit fordert absolute Religionsfreiheit. Ob ich mich als geschaffen, als Geschöpf erlebe, muss ich in eigener freier Erkenntnis selbst herausfinden.

Die universelle, globale Verwirklichung dieser Rechte aber steht noch aus. Sie sind kodifiziert, aber noch nicht realisiert. Sie sind *fragil, gefährdet.* Warum? Joas legt überzeugend dar, dass die Idee der »Sakralität der Person« nicht aus historischen Ursachen als eine Wirkung hergeleitet werden kann. Auch das Christentum kann nicht beanspruchen, Quelle dieser Idee zu sein. Vielmehr zeigt die Geschichte der christlichen Kirchen, wie die Idee der »Sakralität der Person« auf breiter Front sogar mit Füßen getreten wurde (Ketzerverfolgungen, Zwangsmissionierungen, Rechtfertigung der Sklaverei u. a.)!

Die Entstehung dieser Idee ist für Joas deshalb ein nicht ableitbares »Geschehen, ein Ereignis, eine Geburt!« Mit anderen Worten: Sie ist nicht horizontal, sondern nur »vertikal« zu begreifen. Da, wo der Mensch hinaufragt in eine höhere Sphäre, in den Bereich der wirksamen Ideen, der Urbilder, kann er diese Ideen berühren, fassen und als Intuition in das irdische Bewusstsein herunterbringen.

Ein bemerkenswertes Beispiel für diesen Vorgang ist der römische Dichter und Philosoph Seneca (4 v. Chr. – 65 n. Chr.). Er war Erzieher des jungen, begabten Nero, der ihn nach seinem Regierungsantritt (mit 17 Jahren!) zum Konsul ernannte. Zunächst folgte Nero noch seinem Erzieher, wandte sich dann aber von ihm ab. Nach dem fälschlichen Verdacht der Beteiligung an einer Verschwörung zwang Nero seinen ehemaligen Lehrer zum Selbstmord. Von Seneca wird im Hinblick auf sein Menschenbild ein bedeutsames Wort überliefert: »Der Mensch ist dem Menschen eine heilige Angelegenheit.« (*Homo res sacra homini.*)

Es erscheint mir bedeutsam, dass Seneca *nicht* sagt: »Der Mensch ist heilig« o. ä., sondern dass er von der *Beziehung* von Mensch zu Mensch spricht, dass in der *Beziehung* offenbar für ihn diese Idee aufgeleuchtet ist. Es muss ein großer Moment gewesen sein, als sich ihm dieser Gedanke offenbarte. Dass für Seneca der andere Mensch »heilig« ist, kann doch nur bedeuten, dass für ihn *jeder andere Mensch Anteil am Göttlichen* hat, an dem Göttlichen, aus dem er selber die Idee der »Sakralität« jedes Menschen empfangen hat, als sie ihm aufblitzte und er sie in die klassischen Worte prägen konnte: »Der Mensch ist dem Menschen eine heilige Angelegenheit.« Es scheint also nötig, aber auch möglich zu sein, dass Menschen über sich hinaus, vertikal in eine höhere Sphäre, die Sphäre der Ideen und Urbilder, christlich gesprochen: in die Sphäre der Engelreiche hineinragen und von dort eine *andere Perspektive,* einen *anderen Blick* auf die irdische Welt bekommen können, einen Blick, der ihnen den *Geist in der Welt,* konkret im anderen Menschen, erleben, spüren, empfinden lässt: Der Mensch hat Anteil am Geistig-Göttlichen, das ist »das Heilige« in ihm, der Anteil am geistig-göttlichen Urbild des Menschen. Ob die Idee der »Sakralität des Menschen« bzw. die allmähliche »Sakralisierung des Menschen« trotz aller Rückschläge in der Zukunft scheitern oder gelingen wird, hängt von dem Bewusstsein des Menschen ab, dass er *Bürger zweier Welten* ist: der Erdenwelt und der Himmelswelt, in der das Bild des Menschen urständet.

Ganz anderer Auffassung als Seneca ist beispielsweise Thomas Hobbes (1588–1679). Nach ihm besteht der Naturzustand der Menschen untereinander darin, dass sie sich gegenseitig belauern, jederzeit angriffs- und abwehrbereit sind, weil jeder andere das eigene Selbsterhaltungsstreben bedroht. Das »Paradies« erweist sich für ihn als »Hölle«. Von Natur aus ist der Mensch dem Menschen ein *Wolf* (*homo homini lupus*). Das darin gelebte Leben ist »ekelhaft, tierisch und kurz«. Konkurrenz, nicht Kooperation bestimmt das Leben der Menschen. Der »Kampf aller gegen alle« kann nur durch einen Gesellschaftsvertrag in Zaum gehalten werden. Eine politische Ordnung ist dann gut eingerichtet, wenn sie das natürliche Bestreben der Menschen, Lust zu maximieren und Schmerz zu minimieren, optimiert.

Damit formuliert Hobbes ein Weltbild, das unserer heutigen Welt entspricht. Sein Menschenbild ist »realistisch«, aber ist es auch menschlich, umfasst es auch den Geist? Gut zweihundert Jahre später ringen u. a. Goethe, Rückert und Hebbel um das Geheimnis des Menschenbildes (c.4).

4. »Hab Achtung vor dem Menschenbild« – Dichterzeugnisse

Mineralien haben ihre bestimmte Gestalt, Pflanzen haben ihre bestimmte Gestalt, Tiere haben ihre bestimmte Gestalt. Auch der Mensch hat seine bestimmte Gestalt, gleichwohl kann er entscheiden, wie er sie nutzt, und er trägt ein Ich als Erdenmensch *in sich*. Indem er sich als Ich-Wesen erfahren und ergreifen lernt, kann er lernen, *von innen* gestaltend der Welt gegenüberzutreten. Für unseren Zusammenhang entsteht daraus die Frage: Wenn jeder Mensch ein Individuum ist mit eigenem individuellem Schicksal, können wir dann überhaupt von einem *generellen »Menschenbild«* sprechen, das für alle Menschen Gültigkeit hat?

Offenbar ist der Mensch nicht – wie eine Sonnenblume oder ein Rotkehlchen oder ein Kristall – seiner Wesensart nach vollkommen. Der Mensch ist noch nicht, was er in Wahrheit ist. Er existiert in einer Paradoxie, einer inneren Spannung, die Johannes in einem seiner Briefe so formuliert: »Es ist noch nicht erschienen, was wir sind« (1 Jo 3,2). Welch merkwürdiger Widerspruch! Aber wie soll zur Erscheinung kommen, was wir sind? In welchem Sinne *sind* wir schon, was aber noch nicht erschienen ist? Das Wachsen der Mineralien über lange Zeiträume, das Werden und Wachsen der Tiere unterliegen einer anderen Zeitlichkeit. Nur in der »Menschenzeit« ist der Mensch von innen her Akteur bzw. kann er Akteur werden. Ernst Bloch (1885–1977) hat das einmal komprimiert so ausgedrückt: »Wir sind, aber wir haben uns nicht, darum werden wir erst.«

Dieses eigentümliche Werden des Menschen umfasst viele offene Fragen: Woher kommen wir, jeder Einzelne? Warum sind wir da oder dort in einem bestimmten Schicksalszusammenhang hineingeboren? Was sind unsere individuellen Lebensziele, was sind vielleicht unsere Schicksalsaufträge? In jedem Fall spielt die *Zukunft* eine entscheidende Rolle. Der Mensch ist – im Unterschied zu Mineral, Pflanze und Tier – ein Wesen mit *offener* Zukunft. Als Menschen haben wir Anteil am Mineralreich, am Pflanzenreich, am Tierreich, aber zum Menschen gehört der *Ich-Einschlag* von oben, der jeden Menschen zur Individualität erhebt. Die Individualität schenkt uns erst die Möglichkeit zu werden. Der Mensch ist in Wahrheit ein *Werdender.*

Der innere Stern, der uns in diesem Werden voranleuchten

kann, ist die Sehnsucht, sich zum *ganzen Menschen* zu bilden: Wie werde ich wirklich Mensch, wirklich menschlich?

Von dieser Frage wurde ganz besonders der Dichter Friedrich Hölderlin (1770–1843) umgetrieben, geprägt vom hohen Menschenideal des klassischen Griechentums. Gegen Ende seines Romans *Hyperion* (1794) klagt Hölderlin über die Deutschen, sie seien barbarisch, »tiefunfähig jeden göttlichen Gefühls«, innerlich zerrissen: »Handwerker siehst du, aber keine Menschen, Priester, aber keine Menschen, Herrn und Knecht, Jungen und gesetzte Leute, aber keine Menschen ... Wüster immer, öder werden die Menschen, die doch alle schön geboren sind.«[25] Geht uns das nahe? Trifft es uns? Wie groß muss dieser Mensch, dieser Dichter die hohen Möglichkeiten echten, vollen Menschentums empfunden haben, wenn er so spricht?! In seinen Gedichten ahnen wir, wie nach seinem Erleben der Mensch erst Mensch wird, wenn er sich zum Göttlichen erheben kann, das Hölderlin in seinen Gesängen preisend feiert: In der Natur, in der Geschichte, unter den Menschen. Hölderlin selber ahnt: »Der Mensch ist aber ein Gott, sobald er Mensch ist.«[26]

Auch Goethe sieht den Menschen als begnadet durch seine göttliche Natur, wie sie im jungen Kind erscheint. Aber der Mensch braucht *Erziehung* und später *Selbsterziehung*, um seine Anlage als Mensch auszugestalten. Welches Menschenbild ist da für Goethe leitend?

Er spricht sich darüber aus in seinem Roman *Wilhelm Meister*, an dem er – wie an seinem *Faust* – ein Leben lang gearbeitet hat. Der Protagonist Wilhelm bringt seinen Sohn Felix in die »Pädagogische Provinz«.[27] Dort sollen Kinder und Jugendliche zu wahren Menschen erzogen werden.

Wie konzipiert Goethe diese ideale Erziehung?

Bekannt sind die *drei Ehrfurchten*, zu denen alle Kinder von ihren Erziehern angehalten werden. Zunächst wird Wilhelm belehrt, warum in der »Pädagogischen Provinz« überhaupt so viel Wert auf die Erziehung zur Ehrfurcht gelegt wird. Ziel sei es, Religion nicht auf Furcht, sondern auf *Ehrfurcht vor dem Göttlichen* zu gründen. Während Furcht den Menschen unfrei, beherrschbar mache, könne er, »indem er Ehre gibt, seine Ehre behalten«. Leicht stelle sich beim Menschen von Natur aus Furcht ein, Ehrfurcht aber müsse man in der Erziehung von früh an entwickeln, denn dazu gehöre ein feineres Wahrnehmungsorgan, ein »höherer Sinn«. Die Erziehung zur Ehrfurcht wird zunächst *leiblich veranlagt*, in Grußformen und Gebärden eingeübt. Die Arme, über der Brust gekreuzt, »einen freudigen Blick gen Himmel«, veranlagt die *Ehrfurcht vor dem, was über uns ist*. Die Ehrfurcht vor dem, was *unter uns ist*, wird so eingeübt: die Hände auf dem Rücken, der dankbare Blick geht zur Erde, die uns ernährt und trägt. Die dritte Ehrfurcht, die *Ehrfurcht gegenüber den Mitmenschen*, wird geübt, indem die Heranwachsenden aufrecht stehen, sich nach ihren Kameraden zu beiden Seiten richten und sich mit ihnen verbinden. Die drei Ehrfurchten sind die Grundlage für verschiedene Religionsformen: Die *ethnische* verehrt vorzugsweise, was über uns ist, die *philosophische* das, was uns gleich ist, die *christliche* das, was unter uns ist. Die letztere bestehe darin, die Erde nicht zu verachten, sondern »auch Niedrigkeiten und Armut, Spott und Verachtung, Schmach und Elend, Leiden und Tod als göttlich anzuerkennen ...«[28]

Doch damit nicht genug. Es folgt, was mitunter übersehen wird, eine vierte, die *oberste Ehrfurcht*, in der sich die drei Ehrfurchten vereinigen, sich steigern und in gewisser Weise erfüllen. Die oberste Ehrfurcht entspringt aus den anderen, und diese entwickeln sich wieder aus der höchsten. Die oberste Ehrfurcht – so Goethe – ist »die Ehrfurcht vor sich selbst …, sodass der Mensch zum Höchsten gelangt, was er zu erreichen fähig ist!« Die drei ersten Ehrfurchten aber – vor dem Göttlichen, vor dem Irdischen, vor den Menschen – bewahren ihn davor, wieder in Dünkel und Selbstheit zu geraten.

Sagt uns das was? Spricht es uns an? Die Gespräche über die Ehrfurchten gehören zu dem Höchsten goethescher Kunst und Weltanschauung. Sie definieren nicht, eher »defilieren« sie, umkreisen die Frage, das Thema, den Gegenstand, der gerade im Unbestimmten offenbar wird; der sich zeigt, wenn der Leser im Lesen beginnt, einen höheren Sinn zu entwickeln, den inneren Sinn, der so wahrzunehmen lernt, dass das Wahrgenommene zugleich in uns selbst lebendig, real wird. An Goethes »Pädagogischer Provinz« kann man nicht nur *verstehen* lernen, was Ehrfurcht ist, sondern sie in sich *entstehen* lassen.

Der Zugang zu Goethes Menschenbild ist das Tor der Ehrfurcht vor den Göttern, vor dem Erdenleben, vor den Menschen und schließlich vor uns selbst, unserem unverfügbaren höheren Selbst, unsrem Genius. Wahre Ehrfurcht in ihrer vierfältigen Gestalt befreit den Menschen *von* sich selbst *zu* sich selbst; er wird menschlich, er versetzt sich selbst in den Geheimniszustand, Mensch zu sein und Mensch zu werden.

Auf seiner Lebenssuche nach dem Menschen begegnet Wilhelm schon früher zwei Frauen, Therese und Natalie, die er wegen ihrer Tüchtigkeit beide bewundert, die aber ganz verschiedene Erziehungsstile repräsentieren.[29] Die eine, Therese, lebt im Ideal der Pflichterfüllung, will ihre Zöglinge durch »Einsicht, Ordnung, Zucht, Befehl« zur Klarheit und Klugheit leiten und erziehen. Ein weiser Freund fasst das so zusammen: »Therese dressiert ihre Zöglinge.« Natalie dagegen beseelt ein edles Suchen und Streben nach dem Besseren, »wodurch wir das Gute, was wir zu finden glauben, selbst hervorbringen«. Natalies Geheimnis ist *ein anderer Blick auf den Menschen*. Ihr Menschenbild ist nicht ein Abbild des Gewordenen, sondern ein *Werde-Bild*. Sie blickt auf das noch Unsichtbare, aber im Verborgenen Keimende, auf das Sein-Können des Menschen, sein ureigenes Potenzial. »Wenn wir die Menschen nur nehmen, wie sie sind, so machen wir sie schlechter; wenn wir sie so behandeln, als wären sie, was sie sein sollen, so bringen wir sie dahin, wohin sie zu bringen sind.«[30]

Natalie lebt einen höheren Realismus, der auch das Werdende, noch nicht Sichtbare, umfasst. Sie setzt nicht auf Zucht und Ordnung, sondern vertraut auf den werdenden Menschen, der im Ungewissen der Zukunft ahnbar wird, aber auch wieder verschwindet.

Ein weiterer, feiner Beitrag zum Thema des Menschwerdens stammt von Friedrich Rückert (1788–1866). Er ist bekannt als genialer Übersetzer, hat aber auch beachtenswerte Gedichte geschrieben. In der Sammlung *Angereihte Perlen* finden wir ein erstaunliches vierzeiliges Gedicht, das die innere Einstellung, die Goethe in Natalie Person werden ließ, in schöner Weise ergänzt. Rückert ist sich sicher, dass jeder Mensch *sein* individuelles Werdebild, sein Zielbild, sein Zukunftsbild in sich trägt, dass es ihm voranleuchtet, unsichtbar vor ihm steht:

> »Vor jedem steht ein Bild des,
> was er werden soll;
> Solang er das nicht ist,
> ist nicht sein Friede voll.«[31]

Wie sehr solche Gedanken in dieser Zeit »in der Luft« lagen, bezeugt auch Friedrich Schiller (1759–1806) in seinen *Ästhetischen Briefen.* Grundlage seines Menschenbildes sowie auch einer künftigen Gemeinschaft freier Geister ist die Überzeugung, dass jeder Mensch – so heißt es im vierten Brief – einen »reinen idealischen Menschen« in sich trage, dem zu folgen, mit dem übereinzustimmen seine große Aufgabe auf dem Weg zu wahrer Menschwerdung sei.[32]

Den Gedanken des Menschenbildes als einer absoluten *Potenz,* als *Quelle* zu allem Höchsten spricht Friedrich Hebbel (1813–1863) in einem seiner Gedichte aus. Es entstand in der Silvesternacht von 1836 auf 1837, im Zwischenbereich zwischen Vergangenheit und Zukunft, zwischen alt und neu. Wie wichtig ihm dieses Gedicht war, zeigt sein Tagebucheintrag dazu. Es bilde für ihn »im Sittlichen eine Epoche«.[33] Was heißt das? Die Grundfragen des Sittlichen sind: »Was soll ich tun? Wie soll ich handeln? Wie soll ich mich verhalten?« Für dieses ganze Gebiet hat Hebbel mit diesem Gedicht einen neuen Ansatz gefunden, er spricht sogar von einer neuen »Epoche« in seinem Leben. Und er gelobt sich selbst: Dieses Gedicht »ist der Maßstab, nach dem ich mich richten werde«.[34]

So hat Hebbel dieses Gedicht überschrieben *Höchstes Gebot.* Das bedeutet doch, dass das »höchste Gebot« als eine Weiterführung des Dekalogs, der »Zehn Gebote« des Moses aufzufassen ist: In jedem Menschen stecke der »Keim zu allem Höchsten«, wenn auch noch so verborgen. Diesen Keim zu entwickeln, ist für Hebbel das Höchste, das Zukunftsgebot.

So die erste Strophe. Die zweite Strophe nimmt eine überraschende Wendung. Der Mensch hat nach Hebbel Verantwortung auch für das Potenzial, die Potenz *des Anderen.* Denn der »Lebensodem«, der den Menschen im *anderen* Menschen wecken könne, sei möglicherweise der aus der eigenen Seele. Es geht Hebbel nicht nur um die eigene Entwicklung, sondern in gleicher Weise um die Förderung, Befreiung, Selbstfindung des anderen Menschen.

Die dritte Strophe richtet dann den Blick in die Ewigkeit, in der das scheinbar unerreichbar ferne Menschenbild sich erfüllt und unser Sehnen stillt. Das Gedicht lautet im Ganzen:

Höchstes Gebot

Hab Achtung vor dem Menschenbild
und denke, dass – wie auch verborgen –
darin für irgendeinen Morgen
der Keim zu allem Höchsten quillt.

Hab Achtung vor dem Menschenbild
und denke, dass – wie tief er stecke,
der Lebensodem, der ihn wecke,
vielleicht aus deiner Seele quillt.

Hab Achtung vor dem Menschenbild,
die Ewigkeit hat eine Stunde,
wo jegliches dir eine Wunde,
und wo nicht die, ein Sehnen stillt.

(Friedrich Hebbel)

Wie eng das Menschenbild, das Werden des Menschen zum Menschen und das verborgene Wirken unseres Genius, unseres Engels miteinander zusammenhängen, kommt – das Bisherige in schönster Weise zusammenfassend – in einer Gedichtstrophe von Claus von der Decken (1888–1977) zum Ausdruck. Aus einem höheren Ich wird dem Menschen Trost zugesprochen. Da ist Einer, der um uns weiß, der auf uns schaut, der uns liebt, der unser wahres Menschenbild *in uns hineinliebt.* Er spricht zu uns:

> »Ich weiß um dich, auch wenn Ich dir verborgen,
> Ich schaue dich, wenn du mir noch verhüllt,
> Ich liebe in dein Herz den neuen Morgen.
> Ich liebe in dich selbst dein wahres Bild.«
>
> Claus van der Decken
> (unveröffentlicht)

Wer spricht da? Wer schaut da? Wer liebt da? Diesen Fragen werden wir uns jetzt weiter zuwenden.

5. *Ideale: Rufe aus der Zukunft – Von der Arbeit der Engel in uns*

Was lebt im Innersten des heutigen Menschen? Das Erste, was tief in unserer Seele lebt und wirksam werden möchte, ist Mitgefühl, Mitempfinden mit der gesamten Menschheit, mit dem Schicksal aller Menschen, sich insgesamt als *eine* Menschheit zu empfinden. *Verantwortlichkeitsgefühl,* Solidarität mit allen Menschen als Menschen keimt in den Tiefen unserer Seele. Das Zweite ist eine große Sehnsucht nach echter menschlicher *Begegnung,* nach gegenseitigem Erkennen und Erkanntwerden, dem Erleben, dass im Zwischenmenschlichen ein geistig-seelischer Raum gegeben ist, der unendlicher Vertiefung fähig ist, weil er reine Potenz ist. Das Dritte ist, die Erscheinungen der Welt zu verstehen, zu erkennen, »was die Welt im Innersten zusammenhält«, was der Welt und meinem Leib *Sinn* gibt, letztlich den *Geist zu begreifen* und zu erkennen, der in allem lebt und wirkt.

Das möchten die Engel in uns anregen, uns dafür aufschließen und begeistern, dass wir *universelles Verantwortlichkeitsgefühl* empfinden für alles, was geschieht – und nicht geschieht, dass wir *Begegnungssehnsucht* und Begegnungsfähigkeit entwickeln, um den Menschen im Menschen zu entdecken, und dass wir einen unermüdlichen *Erkenntniswillen* in uns wachrufen. Verantwortung, Begegnung, Geisterkenntnis haben die Engel in uns veranlagt, jede Nacht bemühen sie sich, diese Kräfte in uns zu beleben und zu befeuern. Deshalb brauchen wir wieder die Empfindung für die Heiligkeit, die Sakralität des Schlafes:

> »Ich schlafe ein. Bis zum Aufwachen wird meine Seele in der geistigen Welt sein. Da wird sie der führenden Wesensmacht meines Erdenlebens begegnen, die in der geistigen Welt vorhanden ist, die mein Haupt umschwebt; da wird sie dem Genius begegnen. Und wenn ich aufwachen werde, werde ich die Begegnung mit dem Genius gehabt haben. Die Flügel meines Genius werden herangeschlagen haben an meine Seele.«[35]

Die Verinnerlichung dieser Worte, die Empfindung für ihre Kostbarkeit bereiten die rechte Begegnung mit unserem Genius, unserem Engel vor. Wir »erschlafen« uns unsere Ideale – oder wir verschlafen sie.

Auch das Aufwachen ist ein kostbarer Moment, in dem sich entscheidet, was wir vom nächtlichen »Fischzug« an Land bringen können, was oft erst im Verlauf des Tages ins Bewusstsein tritt, aber oft schon als beflügelnde Empfindung uns begleiten kann. Es ist gut, im Erwachen sich zu sagen:

> »Ich komme heraus aus der geistigen Welt, ich trete ein in die physische Welt. Und alles Gute, alles was mich fähig macht, ein vernünftiger Mensch zu sein, habe ich durch den Verkehr mit der geistigen Welt vom Einschlafen bis zum Aufwachen, habe ich durch den Verkehr mit den Toten, die ich im Leben gekannt habe ... erfahren. Und aus diesem Erleben im Geistigen sollte ich mir herausbringen die Grundempfindung von der Heiligkeit des Momentes des Aufwachens.«[36]

Dass der Schlaf heilig ist, war alte Volksweisheit. Sie ist uns weitgehend verloren gegangen. Wie weise konnte noch Friedrich Rückert das Morgengebet im Erwachen anregen:

> »Versäume kein Gebet, doch das der Morgenröte
> Versäume nie, weil keins den gleichen Segen böte.
> Die Engel von der Nacht, die Engel von dem Tag,
> Umschweben dies Gebet mit gleichem Flügelschlag.«[37]

Es liegt an uns, an unserer Bereitschaft, unserem Willen, eine solche künstlerisch empfundene Verbundenheit mit der Engelwelt wieder zu suchen und bewusst wieder anzubahnen. Die Engel sind bereit, harren in stummer Präsenz. Sind wir uns der Gefahr bewusst, in der wir uns befinden? Werden wir das Rettende ergreifen?

Die Entwicklung von Verantwortlichkeit, Begegnungsfähigkeit und Erkraftung im Geiste sind Vorbereitungen auf ein geistiges Ereignis, das der Menschheit zugedacht, aber in ihre

Freiheit gestellt ist. Es soll sich der Menschheit in Zukunft ein Dreifaches durch die Engelwelt offenbaren: Wie mit einem geistigen Sprung wird sich das *Interesse am anderen Menschen* vertiefen, sodass sich dessen tiefere Natur zeigen kann, »indem tatsächlich dem Menschen eingeflößt wird von spiritueller Seite ein gewisses Geheimnis, was der andere Mensch ist. Ich meine damit etwas ganz, ganz Konkretes ...«[38] Zu dem vertieften Interesse am anderen Menschen soll zweitens die Gewissheit aufleuchten, dass mit dem Christus-Impuls *absolute Religionsfreiheit* einhergeht. Drittens soll in den Menschen die ureigenste unwiderlegliche Gewissheit erwachsen, dass die *Welt geistiger Natur* ist.

Aber ob dies alles eintritt und geschieht, hängt von uns Menschen ab. Es ist in unseren freien Willen gestellt. Wir können es verschlafen – das würde verheerende Folgen haben – oder dafür erwachen, den Ruf der Engel aus der Zukunft hören, beherzigen, bewusst ergreifen, und *geistige Wächter* über die intendierte Entwicklung werden: »Mitarbeiter Gottes«, wie Paulus einmal weitblickend diese Menschenaufgabe voraussah und formulierte.[39]

Solche Gedanken machen uns erst fähig und bereiten den Boden, die Überlieferung vom Urmenschen »Adam Kadmon« zu verstehen und uns davon ansprechen zu lassen (c.6)

6. Der Mythos vom »Ersten Menschen«

Seit einigen Jahrhunderten bestimmen die Naturwissenschaften und ihre technische Anwendung wesentlich unser Leben. Die Erforschung der verschiedenen Bereiche der Welt ist weit fortgeschritten. Es gibt kaum noch »weiße Flecken« für die

Forschung. Die Biologie entschlüsselt das Erbgut des Menschen, die Hirnforschung kann immer genauer bestimmen, welche seelisch-geistigen Tätigkeiten bestimmten Hirnprozessen zuzuordnen sind. Computer können unvorstellbare Mengen an Daten verarbeiten, besiegen Menschen im Schach, sind in vielen Belangen dem Menschen überlegen. Die technischen Eingriffsmöglichkeiten in die Vererbung werfen große ethische Fragen auf. Wiederum scheint es so, dass die technischen Entwicklungen schneller sind als unsere Fähigkeiten, verantwortungsvoll damit umzugehen. Wir drohen, von den Entwicklungen überrollt zu werden.

Diese wissenschaftlich-technologische Entwicklung mit ihrer wachsenden Dynamik ist offenbar nicht aufzuhalten, aber wie können wir unser wahres Menschsein dennoch bewahren? Wir haben die große Aufgabe, *Gegengewichte* zu dieser Entwicklung zu schaffen, kritische Fragen zu stellen: *Brauchen* wir selbstfahrende Autos? Warum, wozu werden sie entwickelt? Wer hat Interesse daran? Zweitens müssen wir als Konsumenten unsere Macht entdecken, um durch unser *Kaufverhalten* positive Entwicklungen für Umwelt und Erde zu fördern. Drittens gilt es, unseren Umgang mit *elektronischen Medien* zu bedenken, sie von Kindern zunächst fernzuhalten und uns als Erwachsene *selbstkritisch zu begrenzen.*

Wir leben in einer von Wissenschaft und Technik geprägten Welt. Um so wichtiger ist es, zu dieser Welt Abstand, d. h. ein *aktives Verhältnis* zu behalten bzw. zu entwickeln. Eine Leitfrage kann dabei sein: Welche *Vorstellung vom Menschen* wird jeweils vorausgesetzt, propagiert, gefördert? Ist das auch meine Vorstellung vom Menschen? Kann und will ich mich damit identifizieren? Oder suche ich nach einem anderen, meinem Innersten mehr entsprechenden Bild?

Wir sind in unserer Zeit Zeugen einer Engführung, einer Reduktion des Menschenbildes auf seine materielle Basis. Dabei *meint* der Mensch, er könne frei beurteilen, entscheiden, handeln, aber aus der Sicht der Naturwissenschaft sei er vielfach *determiniert,* z. B. durch das »egoistische Gen«, durch die Automatismen seines Gehirns, durch die unterbewusste Triebstruktur seiner Seele. Der sprachliche Ausdruck für diesen Reduktionismus ist »nothing but«, nichts als, d. h. der Mensch – so wird behauptet – sei *nichts als* das Programm seiner Gene, seiner Gehirnfunktionen, seiner Triebe usw. Wird das dem Menschen gerecht?

Auf dem Konzil von Konstantinopel 869 n. Chr. wurde die Vorstellung vom Menschen so festgelegt, dass die Seele zwar einige geistige Eigenschaften habe, dass dem Menschen aber kein eigener Geist zu Eigen sei. Etwas verkürzt hat das zu der Kurzformel von der »Abschaffung des Geistes« (Rudolf Steiner) geführt. Im 19. und 20. Jahrhundert haben führende Psychologen wie Wilhelm Wundt von einer »Seelenlehre ohne Seele« gesprochen, d. h. dem Menschen komme keine eigene wesenhafte Seele zu. Man könnte von der »Abschaffung der Seele« sprechen. Heute träumen einige Transhumanisten davon, den unzulässigen unberechenbaren menschlichen Leib durch eine leistungsfähigere, funktionierende, immer wache Maschine zu ersetzen, auf die alle Inhalte menschlichen Bewusstseins übertragen werden. Sie intendieren die »Abschaffung des Leibes«!

Kommt nach der »Abschaffung« von Geist und Seele die Abschaffung des Leibes? Wie stellen wir uns dazu? Realisieren wir, was da vorgeht, was da auf uns zukommt?

In einem Gespräch mit Eckermann sinnt der fast 80-jährige Goethe über den Sinn der Entwicklung der Menschheit nach, ohne zu urteilen. Er sieht in bestimmten Kräften *Herausforderungen:* »... lass die Menschheit dauern, so lange sie will, es wird ihr nie an Hindernissen fehlen, die ihr zu schaffen machen, und nie an allerlei Not, damit sie ihre Kräfte entwickele«. Er fügt dann aber auch hinzu, wie Gott auf die weitere Entwicklung der Menschheit blicken könnte: »Ich sehe die Zeit kommen, wo Gott keine Freude mehr an ihr [der Menschheit] hat und er abermals alles zusammenschlagen muss zu einer verjüngten Schöpfung.«[40]

Können wir den Reduktionismus, die Engführung des heute weithin herrschenden Menschenbildes als Herausforderung annehmen, die uns zum Aufwachen auffordert, als eine Not, um daran unsere Kräfte zu entwickeln? Die Deutungshoheit für das Menschenbild liegt heute im Allgemeinen bei den Wissenschaften. Die aber haben im immer dichteren Nebel der Einzelheiten große Mühe, auf das *Ganze,* auf das Wesen des Menschen zu blicken – oder lehnen dieses Ansinnen sogar ab, sehen in Begriffen wie »Wesen« nur überlieferte Worte ohne wirklichen Inhalt. Die Frage nach dem Wesen des Menschen scheint außerhalb des Horizonts der materialistisch orientierten Naturwissenschaft zu liegen.

Die Deutungshoheit für das Menschenbild lag im *europäischen Mittelalter* bei der Kirche. Unter der Kuppel der christlichen Kirche gab es in Bezug auf das Menschenbild einen gemeinsamen Nenner: *Der Mensch ist Geschöpf Gottes.* Der mittelalterliche Konsens über die göttliche Herkunft des Menschen und sein Geschaffensein ließ aber durchaus verschiedene Interpretationen zu. Die »Sünden der Kirche« sind unbezweifelbar. Es gibt aber zum Thema »Menschenbild« Perlen in der religiösen Überlieferung, die zu vergessen töricht wäre. Für diese Schätze gilt Goethes Maxime zur Geschichte ganz besonders: »Das Beste, was wir von der Geschichte haben, ist der Enthusiasmus, den sie erzeugt.«[41]

Wenden wir uns zwei Menschen zu, deren Menschenbild meines Erachtens kostbares Zukunftspotenzial für den modernen Menschen hat: dem frühchristlichen Theologen Gregor von Nyssa und dem mittelalterlichen Mystiker Jakob Böhme.

Gregor von Nyssa (335/340–ca. 400) wurde in eine christliche Familie in Kappadozien (Kleinasien) hineingeboren. Er genoss in seiner Zeit hohes Ansehen, integrierte in sein Werk platonische Philosophie (»Weisheit von außerhalb«) und stand Origenes und dessen begeisternder Lehre nahe. Die Geschöpflichkeit des Menschen hat für Gregor nicht nur einen Vergangenheits-, sondern auch einen Zukunftsaspekt. Dass der Mensch »Gottes Bild« (1 Mo 1) ist, bedeutet für ihn auch eine Entwicklungs-perspektive. Denn dem Menschen ist ein *unendlicher Aufstieg* zu Gott möglich, ja seine Seligkeit liegt in dieser »endlosen Reise«.

In seiner mystischen Theologie skizziert er den langwierigen und mühsamen Weg zur Freiheit als Voraussetzung einer echten Beziehung zwischen Gott und Mensch! Gregors »Philosophie der Freiheit« ist getragen von dem mystischen Elan der Angleichung an das göttliche Leben. »Ebenbild Gottes« zu werden, ist des Menschen Auftrag, den er erfüllt, indem er selber *Schöpfer* wird. Nur so kann er zur *»Vergöttlichung«* gelangen. Die »endlose Reise« zu Gott impliziert die zweite, geistige Geburt. So heißt es in Gregors Werk *Leben des Moses:* »Die geistige Geburt ist das Resultat einer freien Wahl, und so sind wir in einem gewissen Sinn unsere eigenen Eltern; wir schaffen uns so, wie wir sein wollen; wir modellieren uns durch unseren Willen, nach dem Modell, das wir wählen.«[42]

Für Gregor liegt die Freiheit des Menschen nicht in der *Ab-*

wendung von Gott (»An Gottes Stelle der freie Mensch«), sondern er erfährt die Freiheitsmöglichkeit des Menschen als *göttliche Gabe und Aufgabe:* Weil der Mensch frei sein kann, muss es Gott geben! In einem anderen Text weist Gregor dezidiert auf den Unterschied zwischen der ersten (leiblichen) und der zweiten (geistigen) Geburt hin, die erst zur Freiheit gebiert: »Bei allem, was sonst geboren wird, hängt dessen Eintritt in das Sein von dem Willen der Erzeuger ab; nur die geistige Geburt hängt von der Macht dessen ab, der geboren wird [...] nur bei dieser Art von Geburt hat der Mensch die Möglichkeit in der Hand zu werden, was er will.«[43]

Gregors Menschenbild umfasst die anfängliche Abhängigkeit durch die erste Geburt und die zweite geistige Geburt als *Geburt zur Freiheit.* Nur wer aus sich selbst neu geboren wird, erfüllt die göttliche Absicht, wird auf der »endlosen Reise« würdig, in die Gottesfreundschaft einzutreten. Unter dieser Perspektive wird »Kirche« zu einer *Gemeinschaft freier Geister!* In der Gottesfreundschaft findet die Freiheit ihre Erfüllung durch Christus.

Noch unter einem anderen Aspekt ist es fruchtbar, mit Gregor auf den biblischen Schöpfungsbericht zu blicken, nämlich unter dem Aspekt, wie dort das Verhältnis von Säugetier und Mensch erscheint. Erinnern wir uns – so die Bibel: Am *fünften »Tag«* erfüllen sich das wogende Meer und der wehende Luftraum mit Leben – Fische und Vögel werden hervorgebracht. Am *sechsten »Tag«* treten schließlich auch die auf dem Land lebenden Tiere auf, die warmblütigen Säugetiere. Das entspricht der modernen Evolutionsforschung! Aber in die stufenweise zum Menschen voranschreitende Entwicklung organischer Formen erfolgt bei der Erschaffung des Menschen ein ganz neuer *Einschlag von oben,* verbunden mit einem feierlichen Vorspruch, einem »Prolog im Himmel«, einem göttlichen Selbstaufruf, an den wir uns vielleicht zu sehr gewöhnt haben, um ihn in seiner Einzigartigkeit und Hochfeierlichkeit zu empfinden:

»Und Gott sprach:
Lasset uns Menschen machen
in unsrem Bilde
gemäß unserer Gleichnis-Ähnlichkeit.«
(1 Mo 1,26; Übersetzung Rudolf Frieling)

Nimmt man hinzu, dass Paulus dezidiert von Christus als dem *Bild* des unsichtbaren Gottes spricht (Kol 1,15; 2 Ko 4,4), so kann man ahnen, dass der »im Bilde Gottes« erschaffene Mensch vom Urbeginn her eine innerste Beziehung zu dem schöpferischen Sohnesgott, zu Christus hat! Als die Menschheit aus dieser Gottesnähe herausfiel, sich immer mehr verdunkelte und in Gottesferne geriet, musste und wollte der Sohnesgott Mensch werden, um das verlorene Menschenbild wieder aufzurichten. *Christus trägt das wahre Menschenbild* und macht es uns als *Menschensohn* wieder zugänglich.

Exkurs zu Jakob Böhme

Herrscht in unserer Zeit in Bezug auf das Menschenbild die Autorität materialistischer Naturwissenschaft, im Mittelalter Religion mit dem christlich verstandenen Menschenbild, so müssen wir in noch früherer Zeit von der Wirkmächtigkeit des *Mythos* sprechen. In Erweiterung und Ergänzung des biblischen Schöpfungsberichtes geht es bei einigen Mystikern um den Mythos vom *androgynen ersten Menschen*.[44] Eine Sonderstellung nimmt hier Jakob Böhme (1575–1624) ein. Von dogmatischen Vertretern der protestantischen Kirche angegriffen und verfolgt, bildete sich der Görlitzer Schuster seine eigene Anschauung über die Entstehung der Welt und des Menschen. Während seine Gegner in der *Schrift*, der schriftlichen Überlieferung der Bibel, die einzig gültige Grundlage ihres Glaubens und ihrer Weltanschauung sahen, baute er auf seine *geistige Schau*. Das wurde als große Provokation empfunden, als Anmaßung und Hochmut. Böhme verteidigte sich: »Als ich in Gottes Beistand rang und kämpfte, da ging meiner Seele ein wunderliches Licht auf ..., darin ich erst erkannte, was Gott und Mensch wäre, und was Gott mit den Menschen zu tun hätte.«[45] (Jakob Böhme, *Mysterium magnum*, Kap. 9,12) Böhme verteidigt sich, indem er die Quelle seiner Erkenntnisse offen ausspricht. Nicht Schrift, nicht Tradition, sondern eigene Schau, ja erinnerte *Augenzeugenschaft* der ersten Weltenstunde ist die Quelle seiner Erkenntnisse! Welcher Anspruch!

Böhme wusste, dass man ihn tadeln werde, wenn er auf seine Weise vom Anfang der Welt und ihrer Schöpfung, »dieweil ich nicht sei dabei gewesen und es selber gesehn«[46], spreche. Den Gegnern hält er entgegen, »... dass in meiner Seelen- und Leibesessenz, da ich noch nicht der Ich war, sondern da ich Adams Essenz war, bin ja dabei gewesen ...«[47] (Jakob Böhme, *Die drei Prinzipien göttlichen Werdens*, Kap. 7,6) Wenn es um Adam, den Urmenschen, geht, handelt es sich nach Böhme nicht um einen anderen, sondern um mich selbst. Ich selbst, bevor ich Ich war, war einbeschlossen in das Adam-Urwesen. Böhme erinnert sich an das Vorgeburtliche und die *Geburt der Menschheit* im Adamwesen, das noch alle künftigen Menschen samenhaft, keimhaft in sich enthält! Für seine Ansichten wird Böhme gedemütigt, verfolgt, aber in tiefer Demut bleibt er unbeirrbar bei seinen Ansichten – eine eindrucksvolle Gestalt!

Welches Menschenbild zeichnet Böhme vom ersten Menschen, vom Ur-Adam? Wenn man seine Beschreibungen liest, kann man die Empfindung bekommen: Er weiß, ja er fühlt und empfindet das, wovon er spricht. Seine Schilderungen sind sehr anschaulich, lebendig, unmittelbar in einer ganz eigenen Sprache. Er schildert aus eigener geistiger Anschauung. Er ist fähig zum *Geisterinnern.* Das Antlitz, das Wesen, das Bewusstsein des Urmenschen tritt im rein geistigen Anschauen vor Böhme auf: Der paradiesische Urmensch ist noch ein *gottähnliches Wesen.* Er hat keine »Wimpern«, d. h. für Böhme: Er hat kontinuierliches Bewusstsein, kennt keinen Schlaf, er ist fortdauernd versenkt in den Anblick der Gottheit, die fortwährend auf ihn schaut. Im Blick von Gott auf den Urmenschen, im Blick des Urmenschen auf Gott vollzieht sich immer neu ihre *Urverbundenheit.* Die paradiesische Leiblichkeit lebt aus einer strahlenden, ewig neuen Überfülle des Lebens. Der Urmensch ist Herr der Elemente und der Sterne. Der »Kraftleib« Adams bedurfte nicht der irdischen Speise. Stattdessen nimmt er die Essenz der Dinge in sich auf, isst und trinkt unmittelbar aus dem Wesen der Dinge. Er ernährt sich, indem er in das Wesen aller Dinge schaut, so wie sie in Gott sind. Ein erstes Zeugen und Gebären in diesem androgynen Urmenschen vollzieht sich in Form einer inneren Abbildung durch Betrachtung des göttlichen Urbildes, als magische »Fortpflanzung«.

Die Stufen des Heraus-Fallens aus dieser Einheit können hier nur angedeutet werden. Der Mensch beginnt – nach Böhme – sich für Einzelnes, herausgelöst aus dem Zusammenhang, zu interessieren. »Die Einheitsschau beginnt ihm langweilig zu werden.«[48] Adam wollte »die Vielheit der Dinge probieren«.

Zweitens verliert Adam damit die Einheit mit dem göttlichen Bewusstsein, das Urbild seiner gottähnlichen Gestalt und den Zustrom göttlichen Lebens. Die Mächtigkeit der Kräfte der Welt überwältigt ihn, er fällt in Schlaf. Im Schlaf »zer-fällt« der Urmensch in zwei Geschlechter. Die androgyne Einheit der männlichen Feuerseele mit dem Lichtleib der himmlischen Jungfrau Sophia tritt auseinander. Die himmlische Sophie – so Böhme – »entweicht in den Äther«. An ihre Stelle tritt Eva. Die biblische Versuchungsgeschichte schließt sich für Böhme erst jetzt an. »Die Geistleiblichkeit des himmlischen Menschen verwandelt sich in die fleischliche Leiblichkeit der Welt mit ihrer ›Tieresart‹«. Christus hebt den Fall auf. In ihm erneuert sich das ursprüngliche, himmlische Bild des Urmenschen. Christus ist für Böhme der Erneuerer, der Wiederbringer des ursprünglichen Menschenbildes. Christus ist der »zweite Adam«.

Zusammenfassung

Bei der Frage, welches Menschenbild uns in Zukunft leiten soll, hatten wir zunächst auf Rudger Bregmans Entwurf einer *Neue(n) Geschichte der Menschheit* geblickt. Für ihn sind die meisten Menschen im Grunde gut, wurden aber dann durch die Herrschaft und Machtgier Einzelner verdorben. Bregman baut auf die moderne materialistische Wissenschaft, greift interessante neueste Forschungsansätze in der Evolutionsforschung auf, welche die Kooperationsfähigkeit des Menschen als wichtigen Faktor in der Evolution betonen (»Survival of the friendliest«).

Weiter hat uns die Frage beschäftigt: Was machen und wollen die *Transhumanisten*? Auch sie bauen auf die materialistische Naturwissenschaft und die dadurch möglich gewordenen Technologien. Ihre Zukunftsvisionen tragen *religiöse Züge*. An die Stelle des (kaum verbesserbaren) bisherigen Menschen (»erster Adam«) soll eine *neue Schöpfung* treten als Ausgangspunkt einer *neuen Evolutio*n. Der Mensch soll durch Technik wieder zum *Herrn des Kosmos* werden, wie es der Urmensch – nach Böhme – in göttlicher Einheit war.

Tritt da nicht an die Stelle der Größe und Herrlichkeit des ursprünglichen Menschen ein *Größenwahn?* Tritt hier nicht an die Stelle einer weisheitsvollen Gottheit das *allwissende digitale Weltnetzwerk*, das *Allmacht* ermöglicht? Entsteht hier eine Pseudo-Religion, die selber Allwissenheit und Allmacht usurpiert und kopiert? Solche und ähnliche Fragen kann heute nur der Einzelne in eigener Verantwortung für sich beantworten und selbst Schlussfolgerungen daraus ziehen. Die Frage ist: »Quo vadis, Menschheit?« Welches Menschenbild soll uns, soll jeden Einzelnen in Zukunft leiten?

Damit scheint mir der Boden bereitet, um zu ermessen und zu schätzen, welchen Beitrag *Paulus* zur Ergründung, Vertiefung und spirituellen Erweiterung gegeben hat. Seine »Ihr-seid«-Worte können uns Leitsterne auf dem Weg des Menschen zu sich selbst, zu wahrem Menschsein werden.

Wir brauchen eine neue Perspektive auf den Menschen, eine Perspektive, die den Menschen als »Bürger *zweier* Welten« versteht, der irdisch-materiellen und der göttlich-geistigen Welt. Der Mensch steht zwischen Tier und Engel, an beide angrenzend.

II. Der Mensch im Blick der Götter

Einleitung und Vorblick

> »Wie die Dinge um uns herum sich zu uns verhalten, so verhalten wir uns selber zu den Wesenheiten der höheren Hierarchien: die stellen uns vor, die denken uns.«[49]
>
> Rudolf Steiner

Wie kann der Mensch den lebendigen Zusammenhang mit der Welt über ihm wiederfinden? Lange Zeiten war es keine Frage, dass er nicht nur den Naturreichen unter ihm angehört, sondern dass er auch in Beziehung steht zu den Göttern, den Engelreichen im umfassenden Sinn. »Engel« im engeren Sinn sind Boten, die den Menschen Botschaften aus einer höheren Welt vermitteln. Im weiteren Sinn umfassen die »Engelreiche« die Gesamtheit der himmlischen Hierarchien, die »Fülle der Engelchöre« (Lk 2,13).

Diese sind im Bereich des Christentums erstmals von Dionysius Areopagita systematisch dargestellt worden. Wie die Naturreiche unter uns in Mineralreich, Pflanzenreich und Tierreich gegliedert sind, so sind für Dionysius auch die Engelreiche gegliedert, und zwar in 3 x 3 Ordnungen: Engel (im engeren Sinne), Erzengel und Archai (Urkräfte); sodann Exusiai (Offenbarer), Dynameis (Weltenkräfte) und Kyriotetes (Weltenlenker); und schließlich Throne, Cherubim und Seraphim. Welch großartige Fülle!

Weil wir erst aus dem 6. Jahrhundert n. Chr. schriftliche Quellen unter dem Namen »Dionysius« haben, wurde seine historische Existenz bezweifelt. Demgegenüber sei hier nur kurz darauf hingewiesen, was sich Rudolf Steiner aus seiner geistigen Forschung ergeben hat:[50] Dionysius habe wirklich in Athen gelebt (vgl. Apg 17,34) und sei von Paulus eingeweiht worden. Weiter habe er von ihm den Auftrag erhalten, die Lehre von den höheren Geistwesen auszuführen und zu begründen und sie eingeweihten Schülern mündlich zu vermitteln. Auch alle späteren Nachfolger in der Leitung der »Schule von Athen« trugen den Namen (Titel) »Dionysius«. Die Schulung, die in dieser von Paulus initiierten Schule gelehrt und praktiziert wurde, war – so Steiner – ein »rosenkreuzerischer Schulungsweg« und stellte die »Quelle aller abendländischen Esoterik«[51] dar! Die Schüler lernten das innere Band zwischen Irdischem und Geistigem, zwischen Physischem und Kosmischem zu erkennen und danach zu leben.

Paulus selbst hat also nicht nur den »heidnischen« Völkern das Christentum vermittelt, sondern er ist auch der Stifter der esoterischen Schule von Athen, als deren Leiter er Dionysius Areopagita einsetzte. Vor diesem Hintergrund wird erklärlich, dass auch die Briefe des Paulus *esoterische Elemente* enthalten, wie z. B. den erstaunlichen Ausruf: »Wisst ihr nicht, dass sich an uns sogar das Schicksal von Engeln entscheiden wird?« (1 Ko 6,3)

Um uns nun dieser Aussage anzunähern, geht es zunächst um die Frage: Haben Engel auch ein »Schicksal«? Wie kann man das verstehen? (c.1) Und wie kann der Mensch in Zukunft den Engeln etwas bedeuten, etwas zu ihrem Schicksal beitragen? Was erwarten, erhoffen sie von uns? (c.2) Im Blick der Götter erscheint in diesem Zusammenhang der Zukunftsmensch, der Mensch als reine Potenz, die in den göttlichen

Namen sich offenbart. (c.3a) Dieser Zukunftsmensch ist aber keine bloße Utopie, sondern schon keimhaft im heutigen Menschen veranlagt.

Im Blick der Götter – so Paulus – erscheint ein ganzes Panorama dieser Keimanlagen der Zukunfsmenschheit: In diesem Sinne *sind* die Menschen anfänglich schon Gottes Bauwerk, Gottes Tempel, Salz der Erde, Gottes Acker, Brief des Christus, Licht der Welt ... (c.3b-f)

Das Christentum ist in seiner Veranlagung mehr als die subjektive Erlösung des Menschen (»Wie finde ich einen gnädigen Gott?«). Im Christentum geht es darüber hinaus um die Verwandlung von Erde und Kosmos. (c.4) Die Quelle aller weiteren Evolution ist das menschliche Herz, die Überwindung unserer Herzträgheit und Herzensverfestigung. (c.5) Was bisher die Engel (im umfassenden) Sinne für uns geleistet haben, obliegt jetzt den Menschen selbst, der Verwandlung und Entwicklung seiner Erkenntniskräfte zu Imagination, Inspiration und Intuition. (c.6)

Engel sind für uns zunächst Wesen, die so hochstehend sind, dass sie ihre Kraft für den Schutz des ihnen verbundenen Menschen einsetzen können. So mag die Frage, ob auch wir Verantwortung für die Engelreiche haben, ganz unangebracht erscheinen. Wir finden diesen Gedanken aber bereits in den Briefen des Paulus im ersten christlichen Jahrhundert, in den frühesten Dokumenten des Christentums.

Der Zusammenhang ist folgender: Im ersten Brief an die Gemeinde in Korinth muss Paulus sich mit moralischen Abirrungen und Streitigkeiten innerhalb der Gemeinde auseinandersetzen. Um den Blick der zur Gemeinde Gehörenden zu weiten und ihre Situation aus höherer Perspektive anzuschauen, weckt er ihr kosmisches Gewissen und ruft ihnen – wie schon erwähnt – mahnend zu: »Wisst ihr nicht, dass sich an uns sogar das Schicksal von Engeln entscheiden wird?« (1 Ko 6,3)

Diese erstaunliche Äußerung führt zu der Frage: Wer kann so sprechen?! Woher nimmt Paulus ein solches Wissen? Gibt es einen Zusammenhang dieser Aussage mit dem übrigen Briefwerk des Paulus, mit dem Neuen Testament im Ganzen? Lässt sich dieser Ausruf irgendwie einordnen? Wie wird er in der Theologie beurteilt? Ist er für diese anstößig, ein »Skandalon«?

Immerhin berichtet Matthäus in seinem Evangelium von einem ähnlich anstößigen Wort des Christus selbst. In der Bergpredigt heißt es am Ende: »Ihr sollt vollkommen sein, wie es auch euer himmlischer Vater ist.« (Mt 5,48) Im Griechischen heißt es wörtlich: »*Werdet* vollkommen ...« Christus blickt also am Ende der Bergpredigt auf den *werdenden* Menschen, auf dessen Zukunftspotenzial. Auf das, was sich aus dem Menschen *entwickeln* kann. Das ist auch deshalb erstaunlich, weil er die Anrede »Guter Meister« mit dem Argument zurückweist: »Niemand ist gut außer Gott allein (Lk 18,19). Dem Menschen aber, der der Bergpredigt folgt, ruft er zu: »Werdet vollkommen wie euer himmlischer Vater.«

Noch eine sprachliche Bemerkung: Das Wort »teleios«, das gewöhnlich mit »vollkommen« übersetzt wird, bezeichnet nach Walter Bauer aber auch als »Terminus technicus« den, der die Weihen durchgemacht hat, der ein *Geweihter* geworden ist. Weihen – Griechisch »teleioo« – bedeutet wörtlich: Zum Ziel führen, das Bewusstsein von den Weltenzielen erwecken. Das Grundwort »Telos« (vgl. »Teleologie«) bedeutet »Endpunkt, Abschluss, besonders von den letzten Dingen, dem Schlussakt des Weltendramas«.[52]

Im Kolosserbrief spricht Paulus selbst im Zusammenhang mit seinem eigenen Auftrag von »Mysterium« und »Weihe«. Hier aber nicht von verborgenen Mysterienstätten und der Weihe einiger Auserwählter, sondern von einer Weihe, die durch Christus jedem Menschen möglich geworden ist. Denn der zentrale Inhalt der neuen Mysterien sei der »Christus in euch« (Kol 1,27). Von daher sieht Paulus es als seinen eigentlichen esoterischen Auftrag an, in jedem Menschen den inneren Christus zu erwecken. Die Weihe, die nun jedem Menschen offensteht, geschieht, indem der Mensch den Christus in sich ahnt, erkennt und ergreift. So wird er »im Christuswesen ein Geweihter« (Kol 1,28). Das will Paulus allen Menschen nahebringen, ihren Sinn darauf lenken. In diesem, seinem Apostelauftrag fühlt er sich beauftragt und beflügelt durch Christus selbst, »ausgerüstet mit seiner Kraft, die machtvoll in mir wirksam ist.« (Kol 1,29).

Das Christuswort »Werdet vollkommen wie euer himmlischer Vater« konkretisiert sich durch Paulus zu der Perspektive: »Werdet Geweihte in Christus«, indem ihr seinem Namen erkennt, sein Wesen erfühlt und euch mit seiner Kraft erfüllt. In und durch Christus sind die Mysterien öffentlich geworden. Das »Christus in euch« ist das neue Mysterienprinzip, »das Hoffnungsunterpfand aller künftigen Offenbarung« (Kol 1,27), auch der Offenbarung des Menschen als Menschen.

1. Schicksal der Engel

Wie bereits erwähnt, steht für Paulus der Mensch in einer Verantwortung auch gegenüber den Engelreichen: »Wisst ihr nicht, dass sich an uns sogar das Schicksal von Engeln entscheiden wird?« (1 Ko 6,3)[53] Was sagt die Theologie zu einer solchen Äußerung? Wie wird diese Stelle sonst übersetzt? In der evangelisch-katholischen Einheitsübersetzung heißt es: »Wisst ihr nicht, dass wir über Engel *richten* werden?« Und als Erklärung wird hinzugefügt: »Das göttliche Richteramt wird Jesus Christus übertragen, er ist jetzt der höchste Richter der Welt. An seinem Richteramt erhalten die Menschen Anteil.«

Ist diese Erklärung befriedigend? Bedarf es nicht wiederum einer Erklärung, warum Christus nicht allein sein Richteramt ausübt? Außerdem erscheint es nach wie vor sehr erstaunlich, dass die Menschen hier mit Christus als über die Engel richtend auftreten. Die gewöhnliche Vorstellung ist doch nicht, dass wir richten, sondern dass wir gerichtet werden im »Jüngsten Gericht«. Was kann damit gemeint sein, dass wir Menschen selber als Richter auftreten? In der zweiten Auflage der Einheitsübersetzung, nur ein Jahr später, heißt es relativierend und in Distanz zu Paulus: »Paulus vertritt die Auffassung ...«. Für die von den beiden großen Kirchen autorisierte Einheitsübersetzung scheint Paulus' Äußerung ein gewisses Ärgernis zu sein!

Versucht man die obige Aussage tiefer zu verstehen, entstehen sofort Fragen: Sind nicht die Engel höher und weiter entwickelt als die Menschen? Sind sie nicht unsere Lehrer, uns weit voraus? Wie soll das gemeint sein, dass das Leben der Menschen, die unter den Engeln stehen, für diese entscheidende Bedeutung haben könnte?

Eine weitere Frage drängt sich auf: Haben Engel überhaupt so etwas wie Schicksal? Gibt es demnach nicht nur eine Menschen-, sondern auch so etwas wie eine Engel-Geschichte? Dieser letzten Frage wollen wir uns zunächst zuwenden und die Bibel daraufhin befragen: Gibt es im Alten bzw. Neuen Testament Hinweise auf ein Schicksal, auf eine Geschichte der Engel?

Gleich zu Beginn des Alten Testamentes finden wir einen

schwierig zu verstehenden Text, der auf diese Frage hindeutet. Noch vor der Schilderung der Sintflut, ja diese mit verursachend, heißt es: »Als sich die Menschen über die Erde hin zu vermehren begannen und ihnen Töchter geboren wurden, sahen die Gottessöhne, wie schön die Menschentöchter waren, und sie nahmen sich von ihnen Frauen, wie es ihnen gefiel« (1 Mo 6, 1-2). Das spätere Judentum und die frühen Kirchenväter haben in den hier genannten »Gottessöhnen« gefallene Engel gesehen.

Parallel dazu kennen wir aus der Offenbarung des Johannes die Schilderung, wie Michael und seine Engel nicht nur gegen den Drachen, sondern auch gegen dessen Engel kämpfen: »Da entbrannte im Himmel ein Kampf; Michael und seine Engel erhoben sich, um mit dem Drachen zu kämpfen. Der Drache und seine Engel kämpften ...« (Offb 12,7). Ein zweites Mal ist etwas später von den Engeln des Drachen die Rede, als dieser von Michael besiegt und auf die Erde gestürzt wird: »... der Drache wurde auf die Erde gestürzt und mit ihm wurden seine Engel hinabgeworfen« (Offb 12,9). An diesen beiden Schilderungen ist erstaunlich, dass Engel, von denen wir doch zunächst anzunehmen geneigt sind, dass sie ganz dem Bereich des Göttlichen und Guten angehören, auf der Seite des Bösen erscheinen. Am stärksten ist diese Tatsache von Paulus beschrieben im Brief an die Epheser. Im sechsten Kapitel spricht er nicht nur von gefallenen Engeln, sondern von noch höheren geistigen Wesen, die sich aktiv in den Dienst des Bösen gestellt haben und eine Art Gegenhierarchie bilden:

»Was uns obliegt, ist nicht ein Kampf gegen irdische Mächte von Fleisch und Blut, sondern gegen Geistwesen, mächtig im Zeitenstrom, gegen Geistwesen, gewaltig in der Erdenstoffgestaltung, gegen die weltbeherrschenden Mächte der Finsternis dieses Äons, gegen Wesen, die in den Geisteswelten die Macht des Bösen selber sind.« (Eph 6,12)

Waren auch diese Wesen ursprünglich auf der Seite des Guten? Was ist mit ihnen passiert? Der Schriftsteller Botho Strauss schildert den Prozess, in dem der Engel »Satanael« zu Satan wird folgendermaßen: »Satanael ist ja am Menschen gescheitert! Er verlor seine Engelsgeduld über Gottes Plan, den Menschen zu erheben, so dass sich die Engel vor ihm beugen sollten. Welch treuer Adjutant wäre da nicht an Gottes Weisheit verzweifelt?«[54]

Was ist das weitere Schicksal dieser gefallenen Engel? Auf der Erde, d.h. im Bereich der Menschheit geht ihre Existenz weiter. Haben wir dabei eine Aufgabe?

Von einem drohenden Strafgericht für die abgeirrten Engel spricht der Brief des Judas im Neuen Testament. Der Herr habe die Engel, die den Zusammenhang mit ihrem Urbeginn nicht bewahrten und sogar die ihnen zuerteilten Wirkensbereiche im Stich ließen, in ewigen Fesseln dem Bann der Finsternis unterstellt bis zur Entscheidung des großen Tagesanbruches (Jud 6); Petrus greift dies fast wörtlich auf: »Gott hat auch die abgeirrten Engelwesen nicht geschont, sondern in Ketten in die finstere Tiefe des Tartarus gestürzt, wo sie der großen Entscheidung entgegenharren« (2 Petr 2,4). Diese Worte waren damals – am Ende des ersten Jahrhunderts – als Warnung an wirkliche oder vermeintliche Irrlehrer gerichtet, etwa in dem Sinne: Wie den gefallenen Engeln, so wird es auch euch im Strafgericht des Jüngsten Tages ergehen! Die Vorstellung von einem Schicksal (mindestens eines Teiles) der Engel war also damals durchaus geläufig.

Aus dem Bisherigen wird deutlich: Die Bibel spricht von Geschehnissen, die wir beschreiben können als eine Art »Engel-Geschichte«. Dazu gehört erstens, dass bestimmte hierarchische Wesen den Zusammenhang mit dem göttlichen Urprinzip nicht bewahrten, ihren Aufgaben untreu wurden und die ihnen zugewiesenen Wirkensbereiche im Ganzen der Welt im Stich ließen. Sie wurden ausgestoßen aus den Himmeln, und zwar auf die Erde (Offb 12,9) bzw. in die Finsternis der Unterwelt (Jud 6; 2 Petr 2,4). Judas und Petrus sprechen davon, dass für diese Wesen ein göttliches Gericht, eine große Entscheidung bevorstehe.

Noch etwas ist aber zu bedenken. Ein weiteres Haupt-Ereignis innerhalb der Engelwelt betrifft nicht nur die abgeirrten, sondern alle Wesen dieses Bereiches. Es ist dies ein einschneidendes Ereignis für die Engel-Geschichte: *der Weggang des Sohnesgottes* aus dem Bereich der alles umfassenden göttlichen Trinität, sein Abstieg in die Erdenwelt, seine Inkarnation als irdischer Mensch. Was für uns Menschen der ewige Grund von Heil und Rettung ist – dass Gott Mensch geworden ist –, bedeutet zugleich, dass die hierarchischen Wesen ihn aus ihrer Mitte haben fortgehen sehen. Es bedeutet, dass er sie verlassen hat.

Von diesem Abstieg des Sohnes durch die Reiche der Engel spricht Paulus im schon zitierten zweiten Kapitel des Philipperbriefs (Phil 2,5-11). Denselben Prozess schildert mit majestätischen Worten der Brief an die Hebräer, der den Sohn Gottes als Urbild allen Priestertums erkennt, der die Himmel Sphäre nach Sphäre in seinem Abstieg zur Erde durchschritten hat: »Da wir nun also einen großen Hohenpriester haben, der alle Himmel, Sphäre nach Sphäre durchschritten hat, Jesus, den Sohn Gottes, so lasst uns mit aller Kraft Bekenner sein« (Hebr 4,14 u. 15).

Im Fortgang dieses Briefes wird geschildert, welch unermessliches Opfer Christus ein für alle Mal dargebracht hat zur Rettung der Welt. Denn »er verhielt sich so, obwohl er der Sohn war« (Hebr 5,8).

Versuchen wir nun auf Grundlage dieser Aussagen, uns in das Bewusstsein der Engel und in ihr Erleben hineinzuversetzen. Ihr Erleben ist unserem menschlichen Erleben genau entgegengesetzt: Was für uns Menschen Ankunft des Gottessohnes auf der Erde ist, bedeutet für die Engel seinen Weggang aus dem Bereich der Himmel – etwa so, wie ein Sonnenaufgang bei uns auf der anderen Seite der Erde als Sonnenuntergang, als Verschwinden der Sonne erlebt wird. Der Sonnenaufgang Christi in der Menschheit, seine Überwindung des Todes durch die Tat von Golgatha ist aber nicht vorübergehend, sondern hat bleibende Wirkung: »Ich bin bei euch alle Tage bis an das Ende der Erdenwelt« (Mt 28,20). Etwas seit der Ur-Schöpfung Unerhörtes und Neues hat sich auf der Erde ereignet und mit ihr dauerhaft vereinigt. Eine Ahnung von dieser Tatsache lebt offenbar auch im Bewusstsein der Engel. Petrus deutet dies in dem Brief an, den er – wie er schreibt – an die heimatlosen Seelen richtet, die zerstreut sind über die verschiedenen Länder Kleinasiens (vgl. 1 Petr 1):

Er will sie aufmerksam machen und ihre Herzen öffnen für die Christusbotschaft, für die Botschaft des Evangeliums, die ihnen von den Aposteln verkündet wird. Denn »sie wirken unter euch in der Kraft des aus den Himmeln herabgesandten Heiligen Geistes« (1 Petr 1,12). Dann fügt er etwas Erstaunliches und für unseren Zusammenhang Wichtiges hinzu. Auf das Bewusstsein der Engel blickend, das ihm offenbar zugänglich war, fährt er fort: »Sogar die Engel gelüstet es, zu erfahren, was euch so verkündet wird.« Ein erstaunlicher Satz!

Die Engel, die doch ein umfassendes Bewusstsein haben, aus dem heraus sie die Schicksale der mit ihnen verbundenen Menschen begleiten und leiten, haben den Wunsch, die Botschaft des Evangeliums, die Botschaft von Christi Tat auf Erden zu hören! Bringen wir dies mit den Schilderungen des Erdenabstiegs Christi zusammen, dessen Zeuge die Engel waren, so dürfen wir uns die Vorstellung bilden: Die Engel haben den Wunsch zu hören, was sich ereignet hat nach dem Abschied des Gottessohnes aus ihrer Mitte, und zu hören, was durch ihn auf Erden geschah. Da erhebt sich die Frage: Wissen die Engel das nicht? Ist das Physische der Erde den Engeln verborgen?

Betrachten wir den zuletzt genannten Satz des Petrus genauer, um das Bewusstsein der Engel nach dem Ereignis von Golgatha wenn möglich von innen heraus zu verstehen. Dazu befragen wir zunächst andere Übersetzungen dieser Stelle, da jede Übersetzung nur einen bestimmten Aspekt des Ganzen zur Erscheinung bringen kann. Statt »erfahren« übersetzt Luther »schauen«: »... was auch die Engel gelüstet zu schauen«. In der Einheitsübersetzung heißt es: »Das alles zu sehen ist sogar das Verlangen der Engel.« Ähnlich die meisten anderen Übersetzungen.

Das Wort, das so verschieden übersetzt wird – Bock übersetzt: »erfahren«, Luther: »schauen«, in der Einheitsübersetzung heißt es: »sehen« –, ist im Griechischen »parakypsai«. Es bedeutet wörtlich »sich bücken, vornübergebeugt nach etwas schauen, hinschauen, hineinschauen«. Wenn wir dies auf den infrage stehenden Satz anwenden, wird die Schilderung des Petrus sehr anschaulich: Es gelüstet die Engel, sie haben Verlangen, sich zur Erde hin zu beugen, sich zur Erde zu neigen, um dort etwas zu erfahren, zu schauen, zu sehen. Dabei beugen sie sich – bildlich gesprochen – vornüber zu uns Menschen und zur Erdenwelt.

Es ist aufschlussreich, einen kurzen Blick auf weitere Stellen des Neuen Testamentes zu werfen, wo dasselbe Wort »parakypsai« vorkommt. Es begegnet uns im Zusammenhang mit Ostern: Am Ostermorgen wenden sich die Frauen aufgelöst an Petrus und Johannes: Man habe den Herrn aus dem Grabe geholt und fortgeschafft. Die beiden Jünger laufen zum Grab, Johannes läuft an Petrus vorbei, hält dann aber vor dem Grab inne. Und nun heißt es: »Er beugte sich vor (parakypsas) und sah die Leichentücher liegen, aber er ging nicht hinein« (Jo 20,5). Erst hinter Petrus, der sogleich in das Grab geht, ging auch er hinein, »sah und glaubte« (Jo 20,8). Man spürt in dem Vorbeugen des Johannes das intensive Interesse, die Spannung, aber auch eine instinktive Zurückhaltung und Scheu vor der Größe des geahnten Geschehens und des Augenblicks. Dies hält ihn zunächst noch davor zurück, in das Innere des Grabes einzutreten. Dann erst tritt er über die Schwelle, sieht und erfährt Ostern.

Bei Maria Magdalena begegnet uns das gleiche Sich-erwartungsvoll-gespannt-Vorbeugen, mit dem – nach Petrus – auch die Engel auf uns Menschen schauen. Das Johannes-Evangelium schildert, wie Maria Magdalena draußen vor dem leeren Grabe steht und weint. Und indem sie noch weint, beugt sie sich vor in das Grab (parekypsen), und ihre im Weinen sehend gewordenen Augen schauen zwei Engel in leuchtend weißen Gewändern, einen an der Kopfseite, einen zu Füßen der Stelle, wo sie Jesu Leib hingelegt hatten. Jetzt eröffnen sich ihr nach und nach innere Erfahrungsbereiche bis hin zum Schauen, Erkennen und Hören des Auferstandenen (Jo 20,12-17).

Was hat sich uns aus diesen Betrachtungen ergeben? Wir

haben gesehen, dass das griechische Wort »parakypsai« im Johannes-Evangelium an ganz besonderer Stelle auftaucht: Johannes und Maria Magdalena stehen am leeren Grab vor dem Christusgeheimnis. Um dieses Geheimnis zu verstehen, zu schauen, zu sehen, beugen sie sich vor. Sie wollen so dem Geheimnis des Christus näherkommen, den Sinn seines Todes verstehen.

Kehren wir zu den Engeln zurück. Auch sie – nach Aussage des Petrus – beugen sich vor, schauen vorgebeugt zu den Menschen herunter. Sie suchen zu erfahren, was die Apostel als Botschaft verkündigen, die Botschaft von dem Sohn Gottes, der Mensch wurde, den Tod überwand und seither lebt mit der Menschheit und der Erde. Indem sich die Engel zur Erde, zur Menschheit niederbeugen, suchen sie offenbar den, der durch den Tod gegangen ist, den gegenwärtigen Christus. Wo und wie kann er gefunden werden? Offenbar nur noch bei und in den Menschen!

Nimmt man diesen Gedanken ernst, ist auch von daher das allertiefste Interesse der Engel an den Menschenschicksalen gegeben: Jedem Menschen hat sich ein Engel zugesellt, um ihn durch all seine Erdenschicksale hindurch zu begleiten. Das Freiheitsdrama des Menschen erscheint vor dem inneren Auge der Engel: Was wird aus Freud und Leid, aus Not und Schuld der menschlichen Schicksale werden? Und was geschieht nun, wenn Christus sich unter die Menschen begibt, »Herr des Schicksals« der Menschen wird? Werden sie ihn bemerken? Werden sie ihn suchen und aufnehmen? Und vor allem: Wie ist das, wenn ein höchstes geistiges Wesen, der Gottessohn, die Erfahrung des Todes macht, eine Erfahrung, die nicht im Himmel, sondern nur auf der Erde gemacht werden kann?

Christus hat den Tod auf sich genommen, ist der Beistand

im Tod, der Führer durch den Tod, der Überwinder des Todes geworden. Werden die Menschen das in ihrem Bewusstsein immer mehr realisieren, in ihren Herzen empfinden und dadurch ihren Willen befeuern? Davon hängt das zukünftige Schicksal der Engel ab. Sie brauchen uns wie wir sie!

2. *Menschheit und Erde als Himmel der Engel*

Durch die Opfertat von Golgatha hat sich Christus mit Erde und Menschheit vereinigt. Auch durch seine Auferstehung und Himmelfahrt ist er nicht einfach in den Himmel, in das rein Geistige »zurückgekehrt«. Denn wie ein Vermächtnis an uns Menschen klingen seine Worte »Ich bin bei euch alle Tage bis zum Ende der Erdenwelt«. Wenn die Engel ihn bei den Menschen suchen, so heißt das doch, dass sie ihn trotz seiner Himmelfahrt nicht wieder so wahrnehmen wie vor seiner Inkarnation. Das Erdenleben Christi war mehr als ein »irdisches Intermezzo«. Durch sein Leiden, durch Tod und Todüberwindung hat Christus sich dauerhaft mit Menschheit und Erde verbunden. *Deshalb suchen die Engel ihn bei den Menschen.* Wo im Bereich der Menschen können sie ihn finden? Wir können uns das durch das Bild der Sterne verdeutlichen.

Eines der schönsten und tiefsten Erlebnisse auf Erden ist ein klarer Sternenhimmel, z. B. im Gebirge, wo wir uns dem Ewigen näher fühlen. Immanuel Kant hat dies in den Worten zum Ausdruck gebracht: »Zwei Dinge erfüllen das Gemüt mit immer neuer und zunehmender Bewunderung und Ehrfurcht, je öfter und anhaltender sich das Nachdenken damit beschäftigt: Der bestirnte Himmel über mir und das moralische Gesetz in mir.«[55] Oder Platon z. B. sprach angesichts des Sternenhimmels davon, dass die Sterne wie eine »glänzende Stickerei« über den Himmel ausgebreitet seien. Bilder sagen oft mehr als Begriffe!

Gibt es für die Engel auch einen Himmel? Gibt es für sie auch einen unserem Sternenhimmel vergleichbaren Anblick? *Der Himmel, auf den die Engel schauen, ist die Menschenwelt*; und in der Menschenwelt leuchten wie Sterne die Menschenherzen auf, in denen Christus lebendig und tätig schaffend ist. So spornt Paulus die Christen in Philippi an: »Ihr sollt leuchten unter den Menschen wie die lichten Sterne im Weltall« (Phil 2,15). Grandios!

Dass dies nicht nur ein schönes Bild, sondern okkulte Wahrheit ist, wird von Rudolf Steiner bestätigt, der den Weggang des Christus aus dem Reich der Hierarchien und sein Wiederaufglänzen in den Herzen der Menschen aus seiner geistigen Schau so beschreibt:

»Die Menschen sagen: Der Christus ist in uns eingezogen, und wir können uns entwickeln so, dass der Christus in uns leben wird – ›Nicht ich, sondern der Christus in mir.‹ Die Angeloi aber sagen: Aus unserem Inneren ist der Christus für unsere Sphäre weggegangen, und er glänzt uns herauf wie so und so viele Sterne in den Christ-Gedanken der einzelnen Menschen; da erkennen wir ihn wieder, da ist er aufgestrahlt seit dem Mysterium von Golgatha.«[56]

Menschheit und Erdenwelt sind der Himmel der Engel. Für den Blick der Engel leuchtet Christus in den Herzen der Menschen vielfältig auf wie Sterne! Da erkennen und finden sie ihn wieder! Für die Menschenseelen nach dem Tode spricht Rudolf Steiner von einem ähnlichen Erleben. Zwar verlassen sie die irdische Welt, aber aus der Geisteswelt blicken sie innerlich auf die Erde, auf die mit ihnen verbundenen Menschen als ihren Himmel:

»Was dem Menschen zwischen Geburt und Tod, also dem Menschen im physischen Leibe vorschwebt, wenn er von dem Himmel spricht, das schwebt dem Toten, der zwischen dem Tode und einer neuen Geburt steht, dem im Geiste und in der Seele lebenden Menschen, so vor, dass er in demselben Sinne von der Erde spricht. Den im Himmel lebenden Menschen, denen ist ... das Wertvolle, auf das sie blicken, die Erde. Die reden von der Erde so, wie wir von dem Himmel reden. Es ist das Land ihrer Sehnsucht ...«[57]

Dass die Art unseres Menschseins Bedeutung haben könnte für die göttliche Welt über uns, ist gewöhnlich nicht in unserem Bewusstsein. Unser Bewusstsein ist zu allermeist auf das Irdische gerichtet. Das geht bis zur Grundanschauung, was der Mensch seinem Wesen nach ist. Statt seiner Beziehung zu den Engeln steht uns die Beziehung des Menschen zum Tierreich in einseitiger Weise vor Augen. Die Ansicht, dass der Mensch vom Tier abstamme, also letztlich ein – wenn auch intelligentes und weiterentwickeltes – Tier sei, ist heute allgemeiner Konsens. Aber eine solche Ansicht ist mehr als ein bloßer Gedanke. Dieser Gedanke hat begonnen, eine eigene Wirklichkeit zu schaffen, die die Menschenwelt rapide verändert hat und das Menschliche zum Verschwinden zu bringen droht. Eine zunächst wissenschaftlich-abstrakte Theorie ist inzwischen ein belastendes Gefühl geworden: Anlage und Umwelt bestimmen den Menschen. Dieses Gefühl lastet auf seiner Seele wie ein schwerer Stein. Was ist das Dasein des Menschen dann noch wert? Die zum Gefühl gewordene Vererbungstheorie lässt das gesamte menschliche Dasein als determiniert erscheinen. Dem Menschen wird das Ich abgesprochen. Eine schleichende Verdunkelung hat die Seelen mehr und mehr ergriffen. Aus der verfinsterten Erdenwelt aber strahlt nichts mehr auf zu den Engeln. Die Erde als Himmel der Engel bleibt weitgehend dunkel.

Es fällt uns heute schwer zu glauben, dass wir Menschen für die göttliche Welt und ihre Wesen wirklich Bedeutung haben. Wir müssen uns einen Ruck geben, um eine Aussage wie die folgende wirklich ernst und tief zu nehmen:

»... und derjenige, der wirklich die geistige Welt kennt, der weiß, wie es nur eine Erlösung für die Angeloi gibt, ... und das ist das, dass die Menschen unten auf der Erde in ihren physischen Leibern mit dem Christus-Gedanken leben und der Christus-Gedanke zu den Angeloi wie ein Licht heraufstrahlt, seit dem Mysterium von Golgatha wie ein Licht hinauf strahlt zu den Angeloi.«[58]

Zwischen welchen Gegensätzen bewegt sich unser Menschsein! Auf der einen Seite die immer realer werdende Möglichkeit, dass der Mensch sein Ich und damit sein Menschsein verleugnet, zur Tierheit wird, ja unter die in ihrer Art vollkommene Tierwelt heruntersinkt. Auf der anderen Seite in äußerstem Gegensatz dazu z. B. die verheißungsvollen, aber zugleich unbegreiflichen Worte Christi: »Ihr seid Götter!« (Jo 10,34). Und der Gedanke, dass sich daran, wie die Menschen sich zu Christus verhalten, Entscheidendes sogar für die Engel ereignen wird.

Wie soll man das zusammenbringen: unsere heutige Realität auf der Erde unter und in den Menschen und das hohe Zukunfts-Bild, das die göttliche Welt, das Christus selber von uns hat, wenn er sagt: »Wer an mich glaubt, wird die Werke, die ich vollbringe, auch vollbringen, und er wird noch größere vollbringen, denn ich gehe zum Vater« (Jo 14,12)? Oder an anderer Stelle: »Ihr sollt also vollkommen sein, wie es auch euer himmlischer Vater ist«. (Mt 5,48) Dieses hohe Bild vom

Menschen in seiner wahren Größe, die einmal ausstrahlen soll von den christförmigen Menschen, ist durch Christus schon keimhaft in uns angelegt. »Ihr seid Lichter unter den Menschen wie die Sterne im Weltall« (Phil 2,15). Folgt man der Spur der »Ihr-seid«-Worte, findet m an e ine R eihe w eiterer solcher »göttlicher Namen« für die Menschen der Zukunft.

3. *Der Zukunftsmensch aus der Sicht der Götter*

Albert Schweitzer (1875–1965) nannte Paulus den »Schutzheiligen des Denkens im Christentum«.[58a] Nehmen wir als Bei-spiel das Ereignis der Auferstehung Christi. Die Evangelien beschweigen es. Nach der Grablegung schildern sie sogleich den Gang der Frauen zum Grabe, *nachdem* er auferstanden ist. Paulus geht einen Schritt weiter. Er erhebt sein Denken zu der Frage, die eine neue Epoche einleitet: Wie ist die Auferstehung zu *denken*? (1 Ko 15) Er verwandelt sein Denken in ein höheres Wahrnehmungsorgan. In ihm denken die Engel! Die verschiedenen Blicke der göttlichen Wesen auf den Menschen werden ihm offenbar. Er kann sie gedanklich formulieren in den gött-lichen Namen, in den Ihr-seid-Worten. Paulus vermittelt uns, dass der Mensch im Blick der Götter erscheint als Tempel, als Acker, als Brief des Christus.

Erinnern wir uns zunächst, wie das Motiv des Namens ganz allgemein im Evangelium auftaucht: Als die ausgesandten 72 Jünger von ihrer ersten Mission zurückkehren, mahnt Christus sie: Wegen ihrer Vollmacht über die Dämonen sollen sie sich nicht freuen. (Warum eigentlich nicht?) Stattdessen lenkt er ihren Blick in eine ganz andere Richtung: »... frohlockt vielmehr darüber, dass *eure Namen* in den Geisteswelten eingeschrieben sind.« (Lk 10,20) Was ist damit gemeint?

Was vom Irdischen aus gesehen als unser wahrer *Name* aufleuchtet, ist im Geistigen unser wahres *Wesen*. Indem der einzelne Mensch sich Christus zuwendet, sich ihm verbindet und allmählich lernt, aus Christus zu handeln, leuchtet sein wahres, mit Christus verbundenes Wesen in den geistigen Welten auf. Das ist offenbar auch gemeint, wenn in der Apokalypse von den Namen im Buch des Lebens gesprochen wird: »Wer überwindet, soll ... mit weißen Gewändern bekleidet werden, und ich werde seinen Namen nicht auslöschen aus dem Buche des Lebens. Ich will mich zu seinem Namen bekennen ...« (Offb 3,5)

Die individuellen Namen der Menschen sprechen ein inneres Werdeziel aus, das es zu erfüllen gilt. Der Mensch *hat* einen Namen, aber zugleich muss er sich auch erst einen Namen *machen*, das, was in seinem Namen liegt, erfüllen, realisieren. Urbildlich liegt dies z. B. in dem Namen »Christopher«, Christus-Träger. In der Gestalt des Jesus von Nazareth war dieser Name einmal volle Wirklichkeit; für einen heutigen Träger dieses Namens ist es hohes Zukunftsziel, Träger des Christus auf Erden zu werden.

Neben den individuellen Namen gibt es aber auch überindividuelle Namen des Menschen. Wir finden sie ausgesprochen in den Sätzen, die ein »Ihr seid ...« oder »Ihr werdet (sollt) sein …« enthalten. *Die »Ihr-seid«-Worte enthüllen die überindividuellen göttlichen Namen des Menschen.* Zunächst spricht Christus von sich selbst: »*Ich bin* das Licht der Welt. Wer mir nachfolgt, wird nicht im Finstern wandeln, sondern das Licht haben, in welchem das Leben ist« (Jo 8,12). Diese Kraft aber soll auf die Menschen übergehen, die Christus in sich aufnehmen, sich ihm verbinden. So heißt es zukunftsweisend in der Bergpredigt: »*Ihr seid* das Licht der Welt … So soll euer Licht den Menschen leuchten. Sie sollen das Ausstrahlende eures Wesens sehen und euren Vater in den Himmeln preisen.« (Mt 5,14 u. 16) Hier wird ahnbar, welche Kräfte Christus den Jüngern zugesprochen hat, bevor er sie aussandte, in *seinem Namen* zu verkünden und zu heilen.

Die weiteren »Ihr-seid«-Worte zeigen auf, was aus der Sicht der Gottheit mit dem Menschen intendiert ist und von ihm erhofft wird. Indem Christus dies ausspricht, werden die Menschen bewusst einbezogen in die Gedanken Gottes. Was zunächst im Inneren der Gottheit lebte – die Idee der Gottebenbildlichkeit des Menschen –, wird nun von Christus offen ausgesprochen. Denn nur der Mensch selber kann seinen göttlichen Namen verwirklichen. Er muss einbezogen sein in diesen Prozess, sonst wäre er nicht ein freies, schöpferisches Wesen.

Das gewaltigste Wort, das Christus in diesem Sinne zu den Menschen gesprochen hat, ist: »*Ihr seid Götter*« (Jo 10,34). Er greift hier auf den 82. Psalm zurück. In diesem fällt zum einen der Blick auf die *Schatten* der gottentfremdeten Menschen, ihrer Taten und deren katastrophalen Folgen für die gesamte Erde:

> Sie sind ohne Einsicht und ohne Verstand,
> sie wandeln in Finsternis;
> es wanken alle Grundfesten der Erde. (Ps 82,5)

Das klingt wie für unsere Zeit gesprochen, obwohl vor etwa 2500 Jahren geschrieben bzw. mit dem Psalter gesungen. Dann aber besinnt sich der Schöpfer auch des Lichtes, der *Glorie*, die mit dem eigentlichen Wesen des Menschen verbunden ist, und zitiert sich selbst: »Wohl habe ich selbst gesagt: Götter seid ihr, ihr alle seid Söhne des Höchsten.« (Ps 82,6)

Welch ein Gegensatz! In seinem Kommentar zum Johannes-Evangelium geht Ludger Schenke ausführlich auf diese Stelle ein. Er schreibt, Jesus widerlege den Vorwurf, er mache sich, d. h. einen Menschen zu Gott mit dem Hinweis auf die Schrift, das Gesetz der Juden. Er schlage sie mit ihren eigenen Waffen. Denn Gott selbst habe in der Schrift zugesagt: »Ihr werdet Götter sein« (Ps 82,6). Schenke fährt dann fort: »Lästert Gott gegen sich selbst, wenn er verheißt, die Menschen in seine Wirklichkeit – Wahrheit und Leben – hineinzuziehen, sie zu vergöttlichen?«[59]

An dieses Wort knüpft Christus an, die Menschen mahnend und erinnernd, ihren eigentlichen göttlichen Ursprung nicht zu vergessen. Denn mit seinem Ursprung ist auch die Mission des Menschen, sein göttlicher Auftrag verknüpft, Söhne Gottes zu *werden*, was Paulus einmal in Bezug auf die geschaffene Welt so ausspricht: »Rings um uns her wartet alle Kreatur mit großer Sehnsucht darauf, dass in der Menschheit die Söhne Gottes zu leuchten beginnen.« (Rö 8,19)

Das Erste Testament schildert uns den göttlichen Ursprung des Menschen. Der Mensch in seinem Wesenskern – das ist wohl allen Religionen gemeinsam – ist aus dem Göttlichen hervorgegangen. Das Besondere des Schöpfungsberichtes der Bibel ist aber, dass nach dieser Schilderung der Mensch nicht nur Geschöpf Gottes, sondern als Geschöpf zugleich als Gottes *Ebenbild* konzipiert ist (1 Mo). Denn als Ebenbild Gottes muss der Mensch zugleich als ein *schöpferisches Wesen* aufgefasst werden, schöpferisch wie der Schöpfer selbst. An diese schöpferische Qualität kann uns das Christus-Wort »Ihr seid Götter« erinnern.

Der mittelalterliche Mystiker Meister Eckhart (1260–1327) sagt einmal zu Recht: »Wäre ich ein König und wüsste es nicht, so wäre ich kein König.« So musste auch der Mensch einmal eingeweiht werden in die göttlichen Intentionen, die mit seiner Erschaffung verbunden sind. Es mussten ihm einmal die Augen aufgetan werden über die göttlichen Schöpfungsabsichten. Dies wollte die göttliche Welt offenbar zu einem Zeitpunkt tun, als der Mensch reif geworden war, von seinem göttlichen Schöpfertum den rechten Gebrauch zu machen.

Verfrüht finden wir die gleiche Aussage, die Christus später zu den Menschen tat, von der Widersachermacht im Paradies ausgesprochen: Das göttliche Verbot, nicht vom Baum der Erkenntnis zu essen, kommentierend, spricht die Schlange zu Eva: »Ihr werdet mitnichten des Todes sterben; sondern Gott weiß, dass, welchen Tages ihr davon esset, so werden eure Augen aufgetan, und ihr werdet sein wie Götter und wissen, was gut und böse ist.« (1 Mo 3,4 f.)

Die gleiche Aussage – einmal im Munde der Schlange im Mythos vom Sündenfall und dann im Munde des als Mensch inkarnierten Gottessohnes! Es ist dies ein gutes Beispiel dafür, dass Gutes zum Bösen werden kann, wenn es zum unrichtigen Zeitpunkt auftritt.

Wie sehr man sich in der Geistesgeschichte der Menschheit vor vorschnellen Urteilen hüten muss – z. B. der sogenannte Sündenfall, der Schatten auf den göttlichen ersten Menschen wirft, sei nur etwas Negatives, Böses –, zeigt das begeisterte Wort Friedrich Schillers zu diesem Ereignis, der es retrospektiv positiv würdigt: »Dieser Abfall des Menschen ... ist ohne Widerspruch die glücklichste und größte Begebenheit in der Menschengeschichte, von diesem Augenblick her schreibt sich seine Freiheit, hier wurde zu seiner Moralität der erste entfernte Grundstein gelegt.«[60] In demselben Sinne wird die Wirkung des »Sündenfalls« auch schon im ersten Buch der Bibel beschrieben: »Und Gott der Herr sprach: Siehe, Adam ist geworden wie unsereiner und weiß, was gut und böse ist.« (1 Mo 3,22)

Seitdem – so können wir zusammenfassen – lebt der Mensch in dieser Spannung: Er ist aus Gott geboren, von göttlichen Wesen als schöpferisches Wesen konzipiert, mit Schaffenskräften begabt. Unter dem Einfluss der Widersacher aber hat er zu früh diese Kräfte an sich gerissen, sie mit sich selbst identifiziert und missbraucht sie zu seinem Eigeninteresse. Das Licht der Erkenntnis und der Bewusstwerdung seiner Göttlichkeit war dem Menschen durchaus von der Gottheit zugedacht – aber erst später, wenn der Mensch dazu reif geworden wäre! Dies spiegelt sich in den »Ihr-seid«-Sätzen, die Christus den Menschen als Zukunftspotential zuspricht:

> Ihr seid das Salz der Erde. (Mt 5,13)
> Ihr seid das Licht der Welt. (Mt 5,14)
> Ihr seid Götter. (Jo 10,34)

Während die zweite und dritte Aussage in gewisser Weise auch für die Engelreiche gelten könnten, verweist das Wort vom Salz auf etwas spezifisch Menschliches in Verbindung mit dem Leben auf der Erde. Was hat es mit dem Salz auf sich? Wir können uns dabei zunächst erinnern, dass das Salz immer in Form eines Würfels kristallisiert. Irdische Festigkeit, Ruhen in sich selbst wird an dieser Form erlebbar. Etwas Eigenes, nicht verfließend, nicht wegstrebend, sich selbst geltend machend, begegnet uns in dieser Gestalt, vergleicht man sie etwa mit der eines Tropfens.

Was das Salzkristall im Kleinen und Kleinsten – wie klein ist ein Salzkörnchen! – abbildet, erscheint in der großen Weltperspektive als das Bild des Neuen Jerusalem (Offb 21,16). Es wird wie ein gewaltig-großer Würfel beschrieben: an Höhe und Breite und Tiefe gleich, so als hätten sich alle Kräfte und Wirkungen – sich gegenseitig die Waage haltend – vereinigt, die aus den einzelnen Menschen-Ichen hervorgegangen sind. »Ihr seid das Salz der Erde« könnte dann so empfunden werden: »In euch ist die Kraft des Eigen- und Abgeschlossenseins gelegt, die Grundlage eurer Individualität. Benutzt sie, um daraus zu schaffen eine neue Erde, das neue Jerusalem, das in hellem Glanze erstrahlt und aus euren Taten, die ich in euch vollbringe, erbaut ist«, denn:

Ihr seid das Salz der Erde. – Ihr seid das Licht der Welt. – Ihr seid Götter.

Verwandt mit diesen »Ihr-seid«-Worten des Christus finden wir bei Paulus weitere solche Worte. Man kann den Eindruck haben, dass Paulus hier unmittelbar aus dem Geist Christi spricht, von ihm zu weiteren »Ihr-seid«-Worten inspiriert wird u. a.:

> Ihr seid Gottes Acker, Gottes Bauwerk seid ihr. (1 Ko 3,9)
> Ihr seid Gottes Tempel. (1 Ko 3,16)
> Ihr seid Christi Leib. (1 Ko 12,27)
> Ihr seid ein Brief des Christus. (2 Ko 3,3)

Welcher Götter-Blick auf uns Menschen lebt in diesen Worten, und welche göttliche Entwicklungsperspektive tut sich da auf!

Wir wollen versuchen, diesen ersten Eindruck zu vertiefen und uns diese Worte zu verlebendigen. Anschließend soll dann betrachtet werden, was es für die Welt – auch für die Welt über uns, die Engel – bedeuten kann, wenn die Menschen sich in diesem Sinne entwickeln werden.

»Ihr seid Gottes Acker« (1 Ko 3,9)

Durch seine Einweihung wurde Paulus zum »Werkzeug« (Apg 9) des Christus, zu einem Gefäß für ihn, zu seinem Boten. So ist Paulus in der Lage, aus dem Geist Christi den Blick der Götter auf den Menschen weiter auszugestalten und dadurch Nahrung, Licht und Wärme für die höheren geistigen Wesenheiten zu schaffen. Saulus wird zu Paulus und Paulus zum Boten (Angelos) Christi. Das ist die Quelle der »Ihr-seid«-Worte.

Diese Worte enthalten jeweils einen *gedanklichen Kern,* der in *bildhafter Form* erscheint (Acker, Tempel usw.). Als Saulus durchlief er die strenge gedankliche Schulung der Pharisäer. Diese Schulung hatte als Grundlage für das rechte Verhalten die Ausbildung eines ständigen Bewusstseins zum Ziel: »Bin ich immer konform mit den Gesetzen der Thora? Lebe ich im Sinne dieser Gesetze?« Denn nur wenn alle Menschen so le-ben, wird der Messias kommen!

An diesen Inhalten und dieser Haltung hatte sich Paulus eine überragende, bleibende *Gedankenkraft* erworben. Diese Gedankenfähigkeit verdichtete sich in seinem Erlebnis vor Damaskus zur *Fragekraft,* mit der er der überwältigenden Schau des Auferstandenen standhalten konnte: »Wer bist Du, Herr?« (Apg 9,5). Indem der Auferstandene ihn aufbrach und in ihn einbrach, wurde dieser zur fortdauernden Inspirationsquelle für Paulus: »Nicht ich lebe, sondern Christus lebt in mir« (Gal 2,20).

Für Paulus ereignete sich, was Christus selbst in seiner apokalyptischen Ölbergrede prophezeit hatte: Der Menschensohn wird kommen, »umleuchtet vom Licht der Offenbarung, von allen Engeln umgeben« (Mt 25,31). Die in der pharisäischen Schulung erworbene Gedanken- und Bewusstseinskraft verwandelt sich in Paulus zu geistiger *Empfänglichkeit* für die Botschaften aus der Engelsphäre, d.h. für Imagination, Inspiration und Intuition. Paulus *schaut* den Auferstandenen, er *hört* dessen Botschaften, und er *dient* ihm in Willenseinheit als unermüdlicher Apostel. »Nicht ich, sondern Christus in mir« wird zum gelebten Leitwort seines Lebens.

Aus dieser Sphäre des Christus, der »von allen Engeln umgeben« ist, empfängt Paulus auch die »Ihr-seid«-Worte. Er wird – was man später von Thomas von Aquin († 1274) gesagt hat – ein »doctor angelicus«, ein engelgleicher Lehrer, aus dem das Bewusstsein der Engel spricht. Als ein solcher Erkennender schafft er zugleich Nahrung, Licht und Wärme für alle Hierarchien.

Bei allen »Ihr-seid«-Worten begegnen wir der Aufgabe, uns in ein bildhaftes Äußeres (Acker, Tempel usw.) hineinzuversetzen und es nach und nach möglichst imaginativ zu verstehen. Dann fordern uns diese Worte auf, in einem zweiten Schritt wieder auf uns selbst zu blicken. Das scheinbar längst Bekannte zeigt sich neu. Eine vergleichbare Situation schildert Matthäus, als Christus in seiner Heimat Nazareth lehrend auftritt, und die Menschen sagen: »Ist er nicht der Sohn des Zimmermanns und heißt nicht seine Mutter Maria? Sind nicht Jakobus und Joses und Simon und Judas seine Brüder, und sind uns nicht seine Schwestern alle gut bekannt?« (Mt 13,55 f.).

In Jesus den *Christus* gewahr zu werden, bedurfte eines neuen, anderen Blickes, eines imaginativen Seelenblickes, der das Äußere als Physiognomie des Geistigen sehen lernt.

Mit diesem physiognomischen Blick schaut Paulus aus göttlicher Warte auf den Menschen. Das verborgene Wesen des Menschen enthüllt sich ihm in Bildern. Der am Gesetz geschulte Pharisäer Paulus verwandelt seine scharfe Denkkraft durch seine Christus-Erfahrung in die Kraft der Imagination. Der Acker z. B., im Mittelmeergebiet mit Mühe bebaut, von vielen Steinen befreit, künstlich bewässert, wird ihm zum Bild des Menschen aus der Sicht Gottes. Vertiefen wir uns mit Paulus eine Weile in das Bild des Ackers.

Als Nomaden haben wir Menschen genommen, was die schenkende Natur uns gab. Sie selber befriedigte unmittelbar die Bedürfnisse der Ernährung und brauchte nicht transzendiert zu werden. Ackerbau bedeutet demgegenüber Verzicht in der Gegenwart um der Zukunft willen. Man muss »Konsumverzicht« in der Gegenwart leisten, darauf verzichten, das Gegebene im Augenblick zu verzehren. Das Saatgut wird Voraussetzung künftiger Ernten. Indem es dem Acker übergeben wird, d. h. zunächst verschwindet, kann es später mannigfaltig fruchtbar werden. Sind die Umstände günstig, wiegt reiche Frucht den Verzicht auf. Aber immer ist ein Risiko mit dem Ackerbau verbunden.

Erinnern wir uns an den Traum des ägyptischen Pharao im 17. Jahrhundert vor Christi Geburt: Er sieht auf einem einzigen Halm sieben volle, schöne Ähren wachsen, danach aber sieben taube, kümmerliche, vom Ostwind ausgedörrte Ähren. Und niemand kann ihm den Traum deuten außer Joseph, der ihn *in der Zeit* deutet: Sieben Jahre mit großem Überfluss werden über Ägypten kommen und danach sieben Jahre der Dürre und des Hungers (1 Mos 41).

Es erscheint nicht zufällig, dass allein Joseph, der Israelit, in der Lage war, das Traumbild richtig zu deuten; war doch dem Volk Israel die Zeit als ein inneres Werdegesetz in ganz besonderer Weise eingeschrieben.

Der geistige Zusammenhang zwischen Mensch und Erde tritt in erstaunenswerter Weise auch bei dem Gotenbischof Wulfila (um 311–ca. 381/83) zutage, dem Sohn eines gotischen Vaters und einer griechisch-christlichen Mutter.[61] Wulfila entfaltete eine umfassende Wirksamkeit: Er schuf eine *gotische Liturgie*, sodass der Kultus in der Volkssprache gehalten werden konnte; für seine gotische Bibelübersetzung, die Vulgata der germanischen Welt, musste er ein *neues Alphabet* schaffen. Das griechische Wort »mysterion« z. B. übersetzt er mit »Rune« (Geheimnis des Glaubens ist Gotisch: runa galaubinais).

In unserem Zusammenhang sind zwei Wortschöpfungen Wulfilas im Hinblick auf sein Menschenbild besonders zu erwähnen, die uns eine Bestätigung dafür sein können, dass Wulfila ein Eingeweihter war. Es ist überliefert, dass er die ganze Bibel übersetzte, mit Ausnahme der Königsbücher des Alten Testamentes, »um dem Volk, das den Krieg liebte, eher einen Zaun für seine Schlachtenlust zu ziehen, als es eigens dafür zu begeistern«. So brachte er Christus den Goten nicht als einen göttlichen Heerkönig nahe, als Pantokrator oder kriegerischen Führer einer Gefolgschaft, sondern als *inneren* König, als höhere Oktave zu dem gewöhnlichen Menschen, aber gleichzeitig zutiefst verwandt mit ihm. Jedem Menschen wurde in Christus die Möglichkeit eines Geist-Königtums eröffnet als Zugang zu seinem wahren höheren Selbst. Wulfila formt so das urgermanische »eko« um zu dem Wort »ik« (»ich«).

»Er verbarg in der Bezeichnung für das ureigene Selbst des Menschen bewusst die Initialen des Namens Jesus Krist.« (K. F. Althoff) Damit ist auf den menschlich nahen Christus als den Gott des Ich gewiesen, der die Quelle der höheren, schöpferischen Möglich-keiten jedes Menschen-Ich in sich birgt.

Andererseits geht der Blick Wulfilas auch auf die Menschheit im Ganzen. Wie erscheinen Erdenwelt und Menschheit vor seinem umfassenden Blick? Christi Selbstzeugnis »Ich bin das Licht der Welt« übersetzt Wulfila mit den Worten: »Ik im liuhath manasedais« (Ich bin Licht der Menschheit). Ganz abgesehen von dem archaisch-kraftvollen Klang der Laute ist für uns wichtig, dass »Welt« (griech. kosmos; im Neuen Testament im Sinne von abgefallener, erlösungsbedürftiger Welt) übersetzt wird mit »manasedais« (Menschheit).

Der erste Teil dieses Wortes geht vermutlich auf ein altes Wort »men« zurück, das »überlegen, denken« bedeutet und auch in unserem Wort »Mensch« enthalten ist. Der »Mensch« wird so als »Denkender« erlebt (altindisch: mánu-h = denkend, klug). Der zweite Teil des Wortes »mana-sedais« aber bedeutet »Saat«! Die Menschen, begabt mit der Fähigkeit zu denken, die »Geist-begabten«, die in ihrem Inneren das höhere, mit Christus verbundene Ich ergreifen können, sind die Saat der Welt, der Erde! Wulfila hatte offenbar als Bild vor sich, wie aus der göttlichen Welt Ichkeime wie goldene Samenkörner in den »Seelenacker« der Erdenmenschen gesät wurden: Die Menschheit als Saat Gottes, als Menschensaat, bei der die Gottheit darauf schaut, welche Frucht sie bringen wird aus dem Durchgang durch das Erdensein.

In der Epistel zur Johannizeit taucht in den Wortlauten des erneuerten Kultus der Christengemeinschaft dieses Motiv wieder auf. Es ist die Rede von der Welt als dem großen »Erdenfeld«, in das die »Menschensaat« gesät ist.[62] In ihrem schuldbeladenen und heilbedürftigen Zustand droht die Menschheit aber vom Irdischen begraben, ans Irdische gefesselt zu werden. In dieser Lage ist Christus unser Erretter. So wie alle Pflanzenkeime von der äußeren Sonne, kann unser ewiges Wesen, angezogen von der Christus-Sonne, sich wieder zum Geiste erheben und zugleich des Erdendaseins Geistesfrüchte bringen. Christus selber spricht davon, auf sein sonnenhaftes Auferstandensein vorausblickend: »Und ich, wenn ich über die Erde erhöht bin, werde alle zu mir ziehen« (Jo 12,32). Die Erdenmenschen bilden für Wulfila den Acker Gottes, die Menschen-Iche sind göttliche Samen, und Christus ist das Sonnenwesen, das die Menschen zu sich hinaufzieht.

Das ist der Vorgang, doch welches sind die Früchte? Was soll der Mensch der göttlichen Welt als Frucht seines Erdenseins bringen? Christus selbst weist einmal auf dieses Geheimnis mit den Worten hin: »Nicht ihr habt mich erwählt, sondern ich habe euch erwählt, dass ihr des Erdendaseins Geistesfrüchte bringt und eure Frucht erhalten bleibe.« (Jo 15,16) Um aber Frucht zu bringen, muss das Samenkorn erst ersterben. »Wenn das Weizenkorn nicht in die Erde fällt und stirbt, bleibt es allein; wenn es aber stirbt, bringt es reiche Frucht.« (Jo 12,24)

Freiheit und Liebe sollen aus der Menschensaat erwachsen! Nur die Erde gibt uns die Möglichkeit, Freiheit zu entwickeln. Die physische Verkörperung ermöglicht das Freiwerden des Menschen. Zunächst war er innerlich noch so dem Geiste verbunden, dass er den Leib als *Gefängnis* der Seele erlebte, erst nach und nach wurde der Mensch auf der Erde so heimisch, dass er den Leib als *Instrument* der Seele in seiner Freiheitsentwicklung erleben konnte. Weniger deutlich als diese Entwicklung ist uns gewöhnlich, dass die Freiheit des Menschen dem Christus selber ein höchstes Anliegen ist, dass er unsere Freiheit will. Für ihn aber ist wahre Freiheit geknüpft an die Erkenntnis der Wahrheit: »Wenn ihr in meinem Worte leben und Dauer finden könnt, so seid ihr wirklich meine Jünger, und ihr werdet die Wahrheit erkennen, und die Wahrheit wird euch zur Freiheit führen.« (Jo 8,31 f.) Ohne Erkenntnis der göttlichen Wahrheit ist die Freiheit nur vorläufig, erfüllt sie noch nicht ihren göttlichen Sinn. Erst Christus, der uns wieder in Freiheit mit Gott verbindet, gibt unserer Freiheit ihre wirkliche Erfüllung.

Wie aber lebt die Freiheit in Christus? Für ihn ist die höchste Form der Freiheit seine Hingabe an Menschheit und Erde, denn »eine größere Liebe kann niemand haben als die, sein Leben hinzugeben für seine Freunde« (Jo 15,13). Immer wieder neu zu ahnen und dafür zu erwachen, dass Christus aus völliger Freiheit und aus Liebe zur Menschheit und zur Erde seine Tat vollbracht hat, kann auch in unserer Seele die Keime höchster Ideale wachsen lassen. Christus will uns helfen, allmählich wirklich frei und liebevoll zu werden.

Nur auf unserer Erde kann der Mensch Freiheit und Liebe als Früchte seines Werdens erringen. Damit aber wird dem Werden der Welt etwas Neues eingefügt, etwas, das zum Weltenfortgang notwendig ist. In diesem Sinn schildert Rudolf Steiner, wie für übersinnliche Erkenntnis das Leben in der Sinneswelt einen ganz neuen Sinn bekommt, denn die äußere sinnlich-materielle Welt, in der wir leben, lernen und arbeiten, ist der Keimesboden für eine höhere Welt. So paradox es zunächst erscheint, es braucht die »höhere« Welt die »niedere«, in der sich neue Entwicklungsimpulse bilden, die in der bisherigen »höheren« Welt noch nicht existierten! »... diese einstige übersinnliche Welt brauchte den Durchgang durch die sinnliche. Ihre Weiterentwicklung wäre ohne diesen Durchgang nicht möglich gewesen«.[63] Die von den Menschen auf der Erde erworbenen Fähigkeiten impulsieren neu den geistigen Fortgang der übersinnlichen Welt, also auch den Bereich der über den Menschen stehenden hierarchischen Wesen.

Dass Freiheit und Liebe nur auf der Erkenntnis der Wahrheit gründen können, wurde oben schon kurz berührt in dem Christuswort, dass allein die Erkenntnis der Wahrheit zur Freiheit führen werde. Wir wollen diesen Aspekt noch vertiefen. Der gewöhnliche Begriff, den wir heute über das Erkennen haben, ist der, dass wir damit in uns ein Abbild der Welt schaffen. Darin sehen wir den Sinn des Erkennens, dass wir mit Hilfe von Wahrnehmungen, Vorstellungen, Begriffen und Urteilen uns ein Bild von der Welt verschaffen und so die äußere Welt erfassen. Dies erscheint uns so selbstverständlich, dass uns andere Gedanken zunächst gar nicht in den Sinn kommen!

Ganz anders aber haben offenbar die Menschen früherer Kulturepochen, beginnend bei den Indern, über die Bedeutung des Erkennens gedacht![64] Ihre Grundempfindung war, dass es Pflicht des Menschen sei, alle Wahrheit, die er sich erkennend erwirbt, den Göttern zu übergeben, und dass somit der Erwerb von Erkenntnissen ein heiliger Dienst, ein Götterdienst sein müsse. Das Wissen musste heilig gehalten werden. Nur wer diese Gesinnung gegenüber der Erkenntnis in sich trug, wurde zugelassen in die Mysterien. Die Aufzunehmenden mussten die Garantie dafür bieten, dass sie das Wissen heilig halten, d. h. als einen Götterdienst auffassen konnten.

In Wirklichkeit ist menschliches Erkennen der Wahrheit auch heute noch »Nahrung höherer geistiger Wesenheiten«.[65] Dieses Gefühl kann alles Erkennen begleiten, um es so den Geistern zu opfern, »die sich davon nähren«. Aus den Kräften des auferstandenen Christus kann und wird uns das mehr und mehr gelingen.

Dadurch wird unmittelbar deutlich, welche Verantwortung wir gegenüber den höheren geistigen Wesenheiten haben. Rudolf Steiner betont, wie viel für die weitere Entwicklung der Menschheit und des Kosmos davon abhängen wird, dass die Menschen wieder empfinden lernen: »*Ihr seid – als Erkennende – Nahrung für höhere geistige Wesenheiten.*«[66] Es ist die Aufgabe des Menschen, schöpferisch Wahrheit, Schönheit und Güte hervorzubringen, um auf diese Weise Nahrung zu schaffen für die göttlich-geistige Welt. Den Menschen dazu zu befähigen, war und ist der Sinn der Mysterien.

Fassen wir noch einmal zusammen: Paulus' Wort »Ihr seid der Acker Gottes« enthüllte sich uns als tiefe geistige Wahrheit. Die Erdenwelt als Jammertal oder als Verbannungsort im Sinne einer Strafe zu betrachten, geht am Sinn des Erdenseins vorbei. Im Sinne eines künftigen Christentums ist die Erde in Wahrheit Acker- und Keimboden, auf dem durch die Menschheit neue Werdekräfte errungen werden sollen. So gesehen ist die Menschheit eine Aussaat Gottes, die durch das Gesetz von »Stirb und Werde« hindurch Freiheit und Liebe entwickelt im Licht und in der wärmenden Kraft dessen, der aus Freiheit Mensch geworden ist und in Liebe zu den Menschen aus dem Tod neues Leben geboren hat.

»Ihr seid Gottes Bauwerk» (1 Ko 3,9)

»Es gibt nur einen Tempel in der Welt und das ist der menschliche Körper. Nichts ist heiliger als diese hohe Gestalt. (...) Man berührt den Himmel, wenn man einen Menschenleib betastet.«[67]

Dieses Zitat von Novalis lenkt unsere Aufmerksamkeit auf den menschlichen Leib und seinen göttlichen Ursprung. Nur in ihm können wir auf der Erde leben. Er ist das Werkzeug für unseren göttlichen Auftrag. In der Entwicklung der christlichen Kirche trat der Gedanke vom göttlichen Leib jedoch in den Hintergrund. Entscheidend wurden die *Seelenfragen*: Wie Gott zur Seele des Einzelnen stehe und ob der Mensch Gnade vor Gott finde. Die Leiblichkeit wurde als den Menschen in seiner Seele gefährdend erlebt, als Quell von Trieben und Begierden. Es entstand mehr und mehr die Empfindung: Nur mit seinem seelisch-geistigen Inneren berühre der Mensch die göttliche Welt. Doch auch das lebendige Wissen um den Geist ging nach und nach verloren.

Eine Ausnahme war in dieser Hinsicht der schwäbische Pietist Friedrich Oetinger (1702–1782), der die Wirksamkeit Gottes gerade in allem Stofflich-Leiblichen suchte. Damit trat eine Geistesströmung an die Oberfläche, die bis dahin nur sehr verborgen gewirkt hatte. Oetinger selber hat seine Anschauung öfters in die bekannten Worte zusammengefasst: »Leiblichkeit ist das Ende der Wege Gottes.«

Er meinte damit zum einen das Hervorgehen der ersten Schöpfungswelt aus Gott, aber auch das Hervorgehen einer neuen Leiblichkeit des Menschen und schließlich einer neuen Erde aus den leibbildenden Auferstehungskräften Christi. Oetingers tiefste Erlebnisse am Neuen Testament beziehen sich auf das Geheimnis der Leiblichkeit: »Ich wundere mich am meisten über die Leiblichkeit, mit der die himmlischen Dinge umgeben waren.«[68]

In unserem Zusammenhang ist nun besonders die *menschliche* Leiblichkeit ins Auge zu fassen als Gestalt, als Bauwerk, als

Schöpfung Gottes. Was sagt die menschliche Leiblichkeit aus über das Wesen, dem sie gegeben ist?

Eine umfassende Menschenkunde hat die Aufgabe, sich nicht nur auf den menschlichen Körper zu beschränken, sondern die menschliche Gestalt als solche zu erforschen, in der das Sinnliche das Göttliche unmittelbar ausdrücken kann. Dies im Einzelnen zu betrachten und zu untersuchen, ist zum Impuls einer goetheanistischen Menschenkunde auf der Grundlage der Anthroposophie geworden.[69]

Wie bei jeder einzelnen Tierart die Leiblichkeit in ihrer Einseitigkeit zur Vollendung geführt wird, lässt uns immer wieder staunen. Ebenso können wir staunen, wenn uns klar wird, dass der Verzicht auf vollendete Entwicklung dem *menschlichen* Leib und seinen Gliedern unendlich verschiedene Tätigkeiten ermöglicht. Zusammenfassend sagt Herrmann Poppelbaum über den Menschen hinsichtlich seines Leibes: Was ihn leiblich ärmer macht, macht ihn als Menschen schöpferisch.

Schaut man aus solcher Perspektive auf die Gestalt des Menschen, entwickelt sich eine Biologie der Freiheit, d. h. es wird offenbar, dass die biologischen Gesetzmäßigkeiten im Menschen so angeordnet sind und wirken, dass sie Freiheit erst ermöglichen. Die Aussage des Paulus: »Ihr seid Gottes Bauwerk« heißt zugleich: Wer die Leiblichkeit des Menschen, das »Ende der Wege Gottes« richtig sehen lernt, dem wird ahnend offenbar, wie dem Menschen in seiner Leiblichkeit ein göttliches Bauwerk geschaffen wurde zum Instrument seiner schöpferischen Freiheit. Der Mensch im Ganzen soll nicht nur Haus seines Ich sein, sondern in Zukunft soll er zugleich *Gotteshaus* werden, dem Göttlichen auf Erden Wohnung geben. Davon spricht das folgende »Ich-bin«-Wort.

»Ihr seid Gottes Tempel« (1 Ko 6,3)

Im ersten Brief an die Korinther schreibt Paulus: »Wisst ihr nicht, dass ihr Gottes Tempel seid und der Geist Gottes in euch wohnt?« (1 Ko 3,16)

Der Bau des menschlichen Leibes wird hier sogar ein *Tempel* genannt, in dem nicht (allein) der Mensch wohnt, sondern der Möglichkeit nach (zugleich) der Geist Gottes.

Vom Leib als Tempel hatte schon Christus gesprochen. Als die Juden ihn im Anschluss an die dramatische Szene der Tempelreinigung nach seiner Legitimation fragten, antwortete er: »Brecht diesen Tempel ab, und in drei Tagen will ich ihn neu errichten.« Da sprachen die Juden: ›Sechsundvierzig Jahre lang ist an diesem Tempel gebaut worden, und du willst ihn in drei Tagen bauen?‹ Er aber hatte von dem Tempel seines Leibes gesprochen. Später, als er vom Tode auferstanden war, erinnerten sich seine Jünger an dieses Wort ...« (Jo 2,18-22)

Kam es beim Leib als Bauwerk mehr auf die harmonische, die menschliche Freiheit ermöglichende Gestalt an, so liegt jetzt der Akzent auf dem heiligen Raum, der durch das Bauwerk gebildet wird. Das Spezifische des Tempels ist, dass er einer Gottheit geweiht ist. Umso überraschender ist, dass Christus den Menschenleib einen Tempel nennt. Man kann sich den Eindruck kaum gewaltig genug vorstellen, den dies auf die Juden gemacht haben muss, die den Tempel in Jerusalem als ihr großes einzigartiges Zentralheiligtum, d. h. als Tempel Gottes errichtet hatten. Der menschliche Leib – dem Tempel Gottes vergleichbar, ja sogar selbst ein Tempel?!

Paulus meint mit »Tempel« nicht nur den über Jahrtausende zubereiteten vollkommenen Leib des Jesus von Nazareth, sondern jeden menschlichen Leib. Christus sprach nur vom Tempel *seines Leibes*, Paulus spricht vom Tempel *jedes menschlichen Leibes*! »Wisst ihr denn nicht, dass euer Leib ein Tempel des euch innewohnenden heiligen Geistes ist?«

Weiter kann uns auffallen, dass Paulus einerseits in der Mehrzahl (»Ihr seid«), andererseits im Singular (»ein Tempel Gottes«) spricht. Dies deutet darauf hin, dass die einzelnen Menschen in ihrem Zusammenwirken eine höhere Leiblichkeit bilden können, die Gott zur Verfügung gestellt wird, in die er einziehen kann. Hieran kann uns grundsätzlich bewusst werden, dass das Christentum von vornherein eine Gemeindeangelegenheit ist. Alle die Worte, die wir hier betrachten, sind in der Mehrzahl formuliert: »Ihr seid ...«! Dieses »Ihr« ist aber nicht nur eine Summe von Einzelnen, sondern eine höhere Gestalt von verbundenen Einzelnen. Die »Ihr-seid«-Worte offenbaren so auch die Gesetze der Gemeindebildung. Das Zusammenkommen der Menschen mit der sie einenden Absicht, den christlichen Gottesdienst zu vollbringen, schafft einen höheren Gemeinschaftsleib, einen unsichtbaren Tempel, in dem Gott Wohnung nehmen und durch den er wirken kann.

Aufschlussreich ist es in diesem Zusammenhang, sich an das Weihegebet zu erinnern, das Salomon zur Einweihung des ersten Jerusalemer Tempels im 10. Jahrhundert vor Christi Geburt sprach:

»Der Herr hat geredet, er wolle im Dunkeln wohnen. So habe ich nun ein Haus gebaut dir zur Wohnung, einen Sitz, dass du ewiglich da wohnest.« (1 Kö 8,12 f.)

Dann aber kommen ihm Zweifel und Fragen: »... sollte in Wahrheit Gott auf Erden wohnen? Siehe, der Himmel und aller Himmel Himmel können dich nicht fassen; wie sollte es denn dies Haus tun, das ich gebaut habe?« (1 Kö 8,27)

Salomo wendet sich bittend an Gott, »dass deine Augen offen stehen über diesem Haus Nacht und Tag«, und wenn das Volk Israel zu ihm betet, dass »du es hörst in deiner Wohnung, im Himmel ...«. Er macht dabei den feinen Unterschied zwischen Gott und dem *Namen* Gottes. Die Wohnung Gottes ist im Himmel, der Tempel auf Erden ist Wohnung für den Namen Gottes, es ist die Stätte, von der Gott selber gesagt hat: *»Mein Name soll da sein.«* (1 Kö 8,29) Der »Name Gottes« im Unterschied zu Gott im Allgemeinen deutet auf den Sohn Gottes, der in Christus auf Erden erscheint. In ihm wird der unfassbare Gott greifbar, namhaft. Jesajas hat dies geahnt, als er sagte: »Der Name des Herrn kommt von ferne.« (Jes 30,27)

Der Weg der Menschwerdung Gottes wird uns daran in großen Zügen sichtbar. Salomo baut einen Tempel für den Namen des Herrn, der im Dunkeln Wohnung nehmen will. Der Bau des Tempels verwirklicht bildhaft voraus, was später leibhafte Wirklichkeit wird: Gott beginnt unter den Menschen auf der Erde Wohnung zu nehmen.

Im Bau des Tempels, den es zu heiligen galt, erschien dem Volk Israel sein göttlicher Auftrag, dem Messias, der von ferne naht, eine Bleibe auf Erden zu bereiten, einen Leib, in dem er Wohnung nehmen kann. Dann wird das Wort Fleisch, Christus wird Mensch. Der menschliche Leib wird durch Christus geheiligt, zu seiner eigentlichen Bestimmung wieder emporgehoben und gerettet. Die Tempelreinigung (Jo 2,13-22) gilt dem Tempel als dem »Haus des Vaters«, ist aber zugleich Bild für die Reinigung des menschlichen Leibes: »Er aber hatte von dem Tempel seines Leibes gesprochen.« (Jo 2,21)

Christus macht den Leib wieder zum Tempel. So kann sich die Auferstehungshoffnung des Menschen bis auf den Leib erstrecken. Paulus nennt Christus auch den zweiten Adam

(1 Ko 15,47). So wie Adam in der Bibel als der Stammvater der Erdenmenschheit geschildert wird, so wird Christus für Paulus der Stammvater einer zukünftigen Menschheit, und zwar bis in die Rettung der Leiblichkeit hinein. Dabei unterscheidet er zwischen dem geistigen Gestaltbild (*eikon*; 1 Kor 15,49) und dem Fleisch (*sarx*) und Blut der Leiblichkeit. Fleisch und Blut sind vergänglich. Die geistige Leiblichkeit des zweiten, letzten Adam ist unvergänglich. Christus lässt uns teilhaben an den Kräften, die der äußeren Leiblichkeit das geistige Gestaltbild entreißen und es für die weitere Entwicklung retten. Denn ohne diese Grundlage müssten wir aufhören, individuelle Wesen zu sein.

Was im Innern des Menschen vorgeht, hat nicht nur Bedeutung in ihm und für ihn. Alles, was in unserer Seele vorgeht, hat Weltbedeutung. Von dieser *Weltbedeutung unseres Innern* haben wir zunächst kein Bewusstsein. Dass unsere Gedanken und Gefühle ebenso Bedeutung für die Welt haben wie unsere Handlungen, ist eine Anschauung, zu der wir uns erst emporringen müssen. Umso mehr zu dem Gedanken, dass unser Inneres Bedeutung für die Welt der geistigen Wesenheiten hat.

Welche Tiefe und Weisheit liegt in so einfachen Worten wie denen des *Cherubinischen Wandersmann* des Dichters Angelus Silesius (1624–1677):

> Ich bin der Tempel Gottes
>   und meines Herzens Schrein
> Ist's Allerheiligste,
>   wann er ist leer und rein.

»Ihr seid ein Brief des Christus« (2 Ko 3,3)

Eine weitere Gnadenwirkung zeigt sich uns in einem sehr rätselhaften der »Ihr-seid«-Worte, das von dem Menschen als einem »Brief des Christus« spricht. Was kann damit gemeint sein? Können wir ihn lesen? Inwiefern wird diese Erkenntnis auch zur Nahrung für höhere geistige Wesenheiten? Was ist unsere Antwort auf den »Brief des Christus«?

Mit diesem rätselhaften Wort knüpft Paulus an Moses an, indem er den steinernen Tafeln des Gesetzes, die Moses empfing, die *Tafeln des Herzens* gegenüberstellt. Erinnern wir uns zunächst an Moses: Sein Name bedeutet »der aus dem Wasser Gezogene«. Als die Pharaotochter mit ihren Dienerinnen das im Schilf schwimmende Kästchen aus dem Wasser zog, das darin liegende neugeborene Kind heraushob und es an Land brachte, vollzog sich im Äußeren etwas, was zugleich ein geistiges Wahrbild ist.

Mit Moses (1200 v. Chr.) macht das Volk Israel einen großen Bewusstseinsschritt; man könnte ihn den Schritt vom Wasser aufs Land nennen. Moses führt das Volk aus Ägypten, wo die jährliche Nilüberschwemmung alles Leben bestimmte und wo der Mensch noch umströmt war vom gotterfüllten Kosmos. Er führt es einem neuen Bewusstsein entgegen, das uns in den Bildern der Wüste und des Berges entgegentritt. Auf dem Berg, den er allein ersteigt, empfängt er eine neue göttliche Botschaft. Auf steinerne Tafeln schreibt Gott selber seine Weisungen, die man gewöhnlich Gebote nennt: »Ich bin der Herr, dein Gott ... Du sollst keine anderen Götter neben mir haben.« (2 Mo 20,2 f.) Das an dieser Stelle verwendete hebräische Wort bedeutet aber nicht nur »du sollst«, sondern auch »du wirst«!

Dies wird auch dadurch belegt, dass im Neuen Testament an

einigen Stellen aus den Geboten des Moses zitiert und dabei im Griechischen die Futurform verwendet wird. So heißt es z. B. in der Bergpredigt (wörtlich übersetzt): »Du *wirst* nicht töten.« (Mt 5,21) »Du *wirst* die Ehe nicht brechen.« (Mt 5,27) »Du *wirst* dich nicht überschwören.« (Mt 5,33) Wie kann man das verstehen?

Die göttlichen Gebote formulieren offenbar nicht nur ein von außen kommendes Sollen, sondern zugleich innere Werdeziele, die dem Menschen nicht als etwas Fremdes vorgegeben werden, sondern die in ihm veranlagt, ihm eingeschrieben sind. Versteht der Mensch sich selbst in seinem tiefsten Wesen, so will er selber, was als Gottes Wille in den Geboten zum Ausdruck kommt. Indem die Gebote aber zunächst von außen an ihn herantreten – Moses empfängt sie auf dem Berge und überbringt sie als heilige Tafeln dem Volk –, wird individuelles Bewusstsein und damit die Grundlage zu Moralität und Innerlichkeit erweckt. In diesem erwachenden Selbstbewusstsein liegt die Grundlage für die als Schuldfähigkeit jeden Augenblick erlebbare Freiheit.

Das menschliche Bewusstsein »schwimmt« nun nicht mehr in den göttlichen Kräften der Umgebung, die den Menschen tragen und mit denen er sich in Einheit verbunden weiß, sondern es erwacht allmählich immer mehr zu sich selbst und tritt der Welt bewusst gegenüber. In diesem Prozess kam dem israelitischen Volk eine führende Rolle und Aufgabe in der Entwicklung der Menschheit zu. Im äußeren Buchstaben der Gebote offenbarte sich Gottes Wille, um so dem Menschen Bewusstsein und Freiheit des Willens zu ermöglichen.

Gegenüber den östlichen Religionen wie dem Hinduismus, dem Buddhismus und den universalen chinesischen Religionen, in denen das *Weisheitselement* überwiegt, steht im Judentum und im Christentum stärker das *Willenselement* im Vordergrund. Gott zeigt Moses in den Geboten, was er vom Menschen will. Christus gibt später als neues Gebot dem menschlichen Willen ein höchstes Ziel: »Liebet einander, so wie ich euch geliebt habe.« (Jo 15,12) Gerade in der Hingabe des Willens an den Vater erfährt Christus selber seine tiefste Stärkung und berührt damit das tiefste Willensgeheimnis im Christentum. »Meine Speise ist es, aus dem Willen des Vaters zu wirken, der mich gesandt hat, und sein Werk zu vollenden.« (Jo 4,34) Wir rühren damit an die inneren Geheimnisse der Menschheitsgeschichte.

Überblicken wir noch einmal das Ganze. Mit Moses beginnt eine Entwicklung der inneren Verselbstständigung, in der das Äußere als Gegenüber erlebt wird: der Mensch vor dem Gesetz, durch das das Auge Gottes auf ihn blickt. Dass die Zehn Gebote weit mehr sind als eine zeitgebundene Morallehre, hat Rudolf Steiner in Vorträgen zu diesem Thema dargestellt.[70] Er zeigt die eigentliche Intention des Dekalogs auf, der das tiefere Wollen des Menschen anspricht und anregt. Die Gebote werden teilweise von ihm neu formuliert und für den gegenwärtigen Menschen aktualisiert. Moses hat durch die Gebote etwas veranlagt, was durch Christus erfüllt wurde, indem er es in das Innere jedes Menschen eingeschrieben hat. Dass Christus auf verborgene Weise schon mitgewirkt hat, als Moses das Volk aus Ägypten und durch die Wüste wieder nach Israel zu führen hatte, enthüllt Paulus einmal, indem er sagt:

»Unsere Väter haben alle die gleiche Speise gegessen und den gleichen geistigen Trunk getrunken. Denn sie tranken aus dem geistigen Felsen, der ihren Weg begleitete, und dieser Fels war Christus.« (1 Ko 10,4)

Aus all dem wird deutlich, wie die Zehn Gebote nicht nur äußerliche Richtschnur für moralisches Verhalten sind, sondern die innerste Anlage des menschlichen Willens zum Ausdruck bringen, bewusst machen und dadurch anregen.

So wird in jedem Menschen die Fähigkeit eines eigenen Willens veranlagt. Ein eigener, immer individueller werdender Wille aber ist Grundlage und Voraussetzung dafür, dass wir den göttlichen Willen in uns aufnehmen und ihm dienen wollen, wie es Christus urbildlich getan hat. Unser freier Wille und ein daraus geborenes Handeln können so in Zukunft für höhere Geister zur Nahrung werden.

Vor dem Hintergrund dieser geistigen Tatsache scheint mir eine Äußerung des Theologen und Schriftstellers Christian Lehnert sehr bedenkenswert. Er schreibt von seinem Empfinden, dass Engel um uns zu sterben scheinen, und beklagt, dass das Interesse, nach Gründen dafür zu suchen, gering sei. Er selbst stellt die provokante Frage: »Fehlt eine Nahrungsgrundlage?«[71]

»Die Bundeslade und die Tafeln des Herzens«

Im Lichte dieses Grundgedankens beginnt sich der gottgewollte Sinn der Menschheitsgeschichte zu offenbaren. Ein zentrales Motiv ist dabei die allmähliche Verinnerlichung des Menschen.

Die Entwicklung zur Verinnerlichung vollendet sich durch Christus. Was Moses vorbereitet hatte, wurde durch Christus volle Wirklichkeit. Er hat in den Menschen die lebendige Kraft gebracht, den göttlichen Willen tun zu können. Was Moses auf die steinernen Tafeln geschrieben hat, wird von Christus auf die Tafeln des Herzens geschrieben:

»Ein Brief des Christus seid ihr; ... Er ist nicht mit Tinte, sondern mit dem Geist des göttlichen Lebens geschrieben, nicht auf steinerne Tafeln, sondern auf die Tafeln des Herzens, aus Fleisch und Blut.« (2 Ko 3,3) Christus selbst stellt die Verbindung seines Wirkens zu dem Wirken des Moses her:

»Würdet ihr wirklich auf Moses vertrauen, so würdet ihr auch mir vertrauen; denn von mir hat er geschrieben. Vertraut ihr seinen Schriften nicht, wie werdet ihr meinen Worten vertrauen?« (Jo 5,46 f.)

Damit sagt Christus: Wo Moses von der Zukunft gesprochen hat, hat er in Wahrheit von ihm, von Christus gesprochen, und zwar dreifach: bei den Geboten, wenn man sie nicht nur äußerlich-moralisch, sondern eschatologisch, d. h. als Ausdruck göttlich-menschlicher Weltenziele versteht; bei dem göttlichen Namen, der als »Ich bin« zugleich Name des Menschen ist; und bei dem Tempel, der dem göttlichen Namen Wohnung auf Erden gibt, dessen Herannahen im göttlich-geoffenbarten Kultus erfahren wurde, dem Tempel seines Leibes.

Von hier aus wird auch verständlich, wie das Leben und Wirken des Moses tiefe Geheimnisse enthält. Wir hatten schon gesehen, wie sein Name (der aus dem Wasser Gezogene) uns hinweisen kann auf einen neuen Schritt im Bewusstsein des israelitischen Volkes. Auch die Tafeln, auf die der Dekalog geschrieben wurde, verweisen auf ein noch tieferes Geheimnis. Sie gehörten zu den drei heiligen Inhalten der Bundeslade. In ihr wurde das Unterpfand des heiligen Bundes gehütet. Galten als Zeichen des Bundes für Noah der Regenbogen, der in immer neu staunenswerter Weise Himmel und Erde verbindet,[72] und für Abraham der Sternenhimmel,[73] so werden seit Moses das Manna aus der Wüste,[74] der grünende Stab des Aaron[75] und die Gesetzestafeln mit den Zehn Geboten als Zeichen des göttlichen Bundes angesehen. Diese drei heiligen Gegenstände waren Inhalt der Bundeslade.[76] Von Moses an wurde an ihnen die Realität des Gottesbundes erlebt und erneuert.

Was hat es mit diesen drei Gegenständen auf sich? Auch hier gibt Rudolf Steiner Hinweise, die uns tiefe Entwicklungshintergründe erleuchten. Er bringt das Manna, den Aaronstab und die Gesetzestafeln in Verbindung mit der weiteren Entwicklung des Menschen, mit künftigen Stufen seiner wahren Menschwerdung. Das Manna, in der Wüste vom Himmel empfangen, weise auch als Wort auf die Kraft des »Manas«, auf die Vertrauenskraft im Menschen, in die sich die Wirklichkeit *göttlichen Friedens* hineinsenken kann. Wenn der Auferstandene in die Mitte des versammelten Jüngerkreises tritt, so vollendet er das heilige Mahl. Hatte er zunächst seinen Leib und sein Blut dem Brot und dem Wein mit-geteilt und den Jüngern dargereicht, so vollendet er dies am Ostersonntagabend durch das Spenden des Friedens. Das Empfangen des Manna in der Wüste erneuert sich: In der Verfolgungssituation der ersten Christen erscheint der Auferstandene und schenkt ihnen substanzielle Friedenskraft: »Friede euch!« (Jo 20,19 u. 21)

Der zweite heilige Gegenstand in der Bundeslade ist der Stab Aarons. Als dieser seinen Stab in die Stiftshütte gibt, um ein Zeichen Gottes zu erbitten, vertraut er zutiefst darauf, dass in Gott die Kraft lebendig ist, Leben aus dem Tode zu erwecken. An diesem Leben will Christus uns Anteil nehmen lassen, das tote Holz soll wieder grünen: »Ich lebe, und ihr sollt teilhaben an diesem Leben.« (Jo 14,19) In diesem Sinne schildert Paulus Christus als den neuen Menschen, der nicht Leben aus dem Kosmos empfängt und an sich zieht, sondern als geistiges Wesen ständig *Leben* schafft und hinschenkt (1 Ko 15,45).

Der dritte heilige Gegenstand – die mosaischen Tafeln – weisen als Bild voraus auf eine fernste Menschenzukunft, in eine Zeit, in der der Geist alles Materielle völlig verwandelt, mit der eigenen Wärme, dem eigenen Feuer durchdrungen hat, das Göttliche die Materie wieder mit sich vereinigt und eine neue Geistleiblichkeit des Menschen schafft. Rudolf Steiner spricht so von dem Inhalt der Bundeslade als Vorausbildern des zukünftigen Menschen:

das Manna für das Geistselbst (Manas)
der Aaronstab für den Lebensgeist (Buddhi)
die Gesetzestafeln für den Geistesmenschen (Atman).

Auch in der Apokalypse des Johannes klingt dieses Geheimnis an: »Wer überwindet, dem will ich von dem verborgenen Manna geben und einen weißen Stein, in dem ein neuer Name eingeschrieben ist, den niemand kennt außer dem, der ihn empfängt.« (Offb 2,17) Die Frieden schaffende Kraft des Manna, die Tod-überwindende Kraft geistigen Lebens und der weiße Stein werden so aus kultischen Zeichen zu individuellen Realitäten im Menschenwerden.

In diese Entwicklung stellt auch Paulus sein Wort hinein, dass der Christus selber nicht mehr auf steinerne Tafeln schreibt, sondern auf die Tafeln des Herzens. Allzu sehr haben wir uns daran gewöhnt, das menschliche Herz nur als eine mechanische Pumpe anzusehen, die das Blut stoßweise in Umlauf bringt. Schon die Herzlehre des Thomas von Aquin weist darauf hin, dass die Bewegung des Herzens nicht von außen verursacht ist, sondern dass die Blutbewegung zuerst da ist, das Herz als Organ dadurch erst allmählich entsteht und dass das Herz in erster Linie ein Wahrnehmungsorgan ist.[77]

Um die Aussage des Paulus, die Menschen seien ein Brief des Christus, der mit lebendigem Geiste auf die Tafeln der

Herzen geschrieben ist, noch tiefer zu verstehen, betrachten wir zunächst, wie das Herz an anderer Stelle der Bibel als ein Wahrnehmungsorgan geschildert wird. Schon bei David, also etwa 1000 Jahre vor Christi Geburt, tritt uns das Motiv des Herzens an zentraler Stelle entgegen. In der ersten persönlichen Freundschaft, die uns in der Weltliteratur geschildert wird, sind es ausgerechnet Jonathan, der Sohn des Königs Saul, des erbittertsten Feindes, und David selber, die sich zutiefst im Herzen verbunden fühlten. Sie setzten sich über die Feindschaft zwischen Saul und David hinweg. So »schloss Jonathan den David in sein Herz, und er gewann ihn lieb wie sein eigenes Herz ... Und Jonathan schloss einen Bund mit David, weil er ihn liebhatte wie sein eigenes Herz.« (1 Sam 18,1.3) Als David ihn um Beistand bittet gegen die Verfolgung durch Saul, stellt sich Jonathan gegen seinen Vater auf die Seite Davids. David, erschüttert über die Treue seines Freundes, »warf sich auf sein Angesicht zur Erde nieder und verneigte sich dreimal; und sie küssten einander und weinten umeinander über die Maßen. Und Jonathan sprach zu David: ›Zieh hin in Frieden! Was wir beide einander im Namen des Herrn geschworen haben, dafür wird der Herr zwischen mir und dir und zwischen meinen und deinen Nachkommen Zeuge in Ewigkeit sein‹«. (1 Sam 20,41 f.) Als David später Jonathans Tod gemeldet wird, klagt er: »Wie ist mir so wehe um dich, mein Bruder Jonathan: wie warst du mir so lieb! Beseligend war mir deine Liebe, süßer als Frauenliebe.« (2 Sam 1,26) Das hohe Ideal einer aus dem Herzen geborenen Beziehung zweier Menschen, einer echten Freundschaft klingt hier an, die höher steht als die Sippe, weil sie auf die einzelne freie Persönlichkeit gegründet ist.

Bevor wir auf eine andere Seite des Herzens, das Herz als Quelle von Schuld, im Leben Davids blicken, wollen wir kurz erinnern, wie das Freundschaftsideal seine höchste Erfüllung durch Christus selbst findet. Allmählich hatten die Jünger Christus erkannt: als Sohn des lebendigen Gottes, als Messias, als ihren Herrn und Meister, dem gegenüber sie ähnlich fühlten wie der Hauptmann von Kapernaum: »Herr, ich bin nicht wert, dass du eingehst unter mein Dach ...« (Mt 8,8). Am Gründonnerstagabend aber, als sie das Mahl miteinander gehalten hatten, das von göttlicher Liebe erfüllt war, erhebt Christus die Jünger zu seinen Freunden: »Das ist der Auftrag, den ich euch gebe: Liebet einander so, wie ich euch geliebt habe. Eine größere Liebe kann niemand haben als die, sein Leben hinzugeben für seine Freunde. Ihr seid meine Freunde, wenn ihr dem Auftrag folgt, den ich euch gebe. Ich nenne euch nicht mehr Knechte, denn der Knecht weiß nicht, was sein Herr tut. Ich nenne euch Freunde, weil ich euch alles habe erkennen lassen, was mir durch meinen Vater kund geworden ist.« (Jo 15,12-15)

Etwas von dieser Gottesfreundschaft klingt schon an in dem Freundschaftsbund zwischen Jonathan und David, der im Namen des Herrn geschlossen worden war. Gerade bei David wird jedoch deutlich, wie das menschliche Herz in seiner Offenheit und Freiheit auch fähig zu Irrtum und Abirrung ist. Denn später, als König, wird er zutiefst schuldig. Auch hierin liegt etwas Urbildliches für das menschliche Herz:

Als David vom Dache seines Palastes aus eine ihm unbekannte schöne Frau baden sieht, entbrennt in seinem Herzen eine heftige Sehnsucht nach ihr. Auch als er erfährt, dass diese Frau verheiratet ist, kann er seiner Begierde nicht Einhalt gebieten und lässt sie zu sich holen. Sie wird schwanger, und David sorgt dafür, dass ihr Mann in einer Schlacht an vorderster Front aufgestellt wird und bald umkommt. Dann nimmt er die Witwe zur Frau.

Das Herz als solches ist also nicht einfach gut und rein, sondern es kann verführt werden, ja aus sich heraus Böses im Sinne haben. Erschütternd wird dies von Christus selbst ausgesprochen, der dabei Worte aus dem Alten Testament aufgreift: »Das Herz der Menschen ist unlebendig und stumpf geworden, ihre Ohren hören schwer, und ihre Augen sind müde. Trotz ihrer Augen sehen sie nicht, trotz ihrer Ohren hören sie nicht, mit dem Herzen zu verstehen haben sie verlernt. Erst wenn sie die Richtung ihres inneren Lebens umkehren, kann ich sie heilen.« (Mt 13,15)

Ähnlich heißt es etwas später: »Nur mit den Lippen ehren mich die Menschen, meinem Wesen ferne ist ihr Herz, mit leerem Kultus wollen sie mir dienen und lehren nur noch menschliche Lehren und Gebote.« (Mt 15,8 f.)

In den Diskussionen um die Reinheitsgebote greift Christus die Pharisäer an, indem er diagnostiziert, dass das Herz des Menschen nicht nur von außen verdorben werden, sondern selber zur Quelle des Bösen werden kann. Solche Unreinheit, wie wir sie bei David gesehen haben, sei das eigentlich Schlimme, nicht aber entwürdige es den Menschen, wenn er ohne Waschung der Hände Speise zu sich nehme:

»Was aus dem Munde hervorgeht, kommt aus dem Herzen, und das ist es, was den Menschen entwürdigen kann. Denn aus dem Herzen stammen die Gedanken der Bosheit: Feindschaft gegen fremdes Leben, Unreinheit im gemeinschaftlichen Leben, Unsauberkeit in der eigenen Seele. Gier nach fremdem Gut, Missbrauch des Wortes gegen andere Menschen, Missbrauch des Wortes gegen die geistige Welt. Das ist es, was den Menschen entwürdigt.« (Mt 15,18 f.)

Tief erschüttern kann uns eine solche von Christus vollzogene und ausgesprochene Diagnose der uns zumeist nicht bewussten

Untergründe des Bösen im menschlichen Herzen. Wir empfinden die Notwendigkeit einer Reinigung des Herzens. Dies fühlte auch David. Aus der Erkenntnis seiner Schuld schrieb er den berühmten 51. Psalm, einen Bußpsalm.[78] Dieser Psalm ist urbildlich für das Ringen des Menschen mit seiner selbst erkannten Schuld, die er vor Gott eingesteht. Wir beschränken uns hier auf wenige Verse. Das Herz, das verführt worden war durch die Triebe des Geschlechtes, wird jetzt zum Organ für die Erkenntnis der eigenen Schuld, zum Ringen mit der eigenen Schicksalslast vor dem Angesicht Gottes:

»Sei mir gnädig, o Gott, nach deiner Güte!
Nach deinem großen Erbarmen tilge meine Sünden!
Wasche mir völlig ab meine Schuld
und mache mich rein von meiner Missetat!
Denn ich kenne meine Vergehen wohl,
und meine Sünde ist mir immerdar bewusst ...
Du verlangst Aufrichtigkeit im innersten Herzen:
so lass mich deine Weisheit erkennen im tiefen
Seelengrund! ...
Schaffe mir, Gott, ein reines Herz,
und gib mir einen neuen, festen Geist in meinem Innern ...«
(Ps 51,3-5, 8, 12)

Indem das menschliche Herz in Leid und Selbsterkenntnis sich reinigt – Paulus spricht einmal von der Beschneidung des Herzens im Geiste als der wahren Beschneidung (Rö 2,29) –, wird nicht nur seine moralische Schuld vergeben, sondern auch seine geistige Sehkraft wiederhergestellt. Nur ein reines Herz kann wahr machen, was Antoine de Saint-Exupéry in die bekannten Worte geprägt hat: »Man sieht nur mit dem Herzen gut.«

Auch hierfür finden wir in den Evangelien eine urbildliche Darstellung, und zwar im Zusammenhang mit dem Ur-Ostern: Nur die gereinigte Kraft des erkennenden Herzens wird fähig, die Auferstehung Christi wahrzunehmen. Markus schildert deutlich in seinem Osterbericht, wie die Jünger ihre Herzen dem Ostereignis zunächst nicht erschließen können. Als Maria Magdalena ihnen verkündet, Er lebe und sei von ihr geschaut worden, konnten diese – in Trauer und Wehklagen versunken – ihr Herz diesen Worten nicht öffnen. Ebenso ergeht es den Emmausjüngern. Diese hatten selbst die Umwandlung ihres Herzens durch den mit ihnen wandelnden Auferstandenen erlebt. Christus hatte ihnen zunächst vorhalten müssen, dass ihr Denken unerleuchtet und ihr Herz erstarrt sei. Erst über die Auslegung der Worte der Schrift, von Moses an durch alle Bücher der Propheten gelingt es dem Auferstandenen, die »Verstocktheit« der Herzen (im Griechischen heißt es bei Lukas »skleerokardia«, d. h. »Herzsklerose« (Lk 24,25)) zu überwinden, das Herz der Jünger zu berühren und zu erweichen, sodass sie schließlich ausrufen:

»Brannte nicht unser Herz in uns bereits, als er auf dem Wege zu uns sprach und uns den Sinn der Schriften erschloss?« (Lk 24,32)[79] Christus sucht aber nicht nur uns Menschen im Innersten zu erreichen, sondern zieht auch in das »Herz der Erde« ein (Mt 12,40).

4. *Das Herz der Erde*

Aber ist nicht alles, was Paulus in den »Ihr-seid«-Worten als Zukunft der Menschheit entwirft, eine Illusion, solange der »Fürst dieser Welt« (Jo 14,30) herrscht und – nach Aussagen der Anthroposophie – sein Herrschaftszentrum im Erdinneren hat?[80] Denn der Fürst dieser Welt (Griechisch *ho archoon tu kosmu tutu*) ist ein hierarchisches Wesen, das weit über dem Menschen steht. Solange diese Macht herrscht, wird sie versuchen, die Entwicklung der Menschheit, wie sie in den verschiedenen Aspekten der »Ihr-seid«-Worte aufleuchtet, zu verhindern suchen. Die Auseinandersetzung mit dem Fürsten dieser Welt ist ein Kampf um das Herz der Erde.

Dass Christus selbst vom Herzen der Erde spricht, kann uns in der heutigen Situation unserer Zivilisation und unserer Erde tief berühren. Ist das bloß eine »Metapher«, nur ein Bild? Ist eine wirkliche imaginative Wahrheit mit einem solchen Christus-Wort verbunden?

»Wie Jona drei Tage und drei Nächte im Innern des Fisches zubrachte, so wird der Menschensohn drei Tage und drei Nächte im Herzen der Erde verweilen.« (Mt 12,40)

Es findet in den letzten Jahrzehnten ein langsamer Bewusstseinswandel im Hinblick auf die Erde bei vielen Menschen statt, der es nicht mehr ganz so unsinnig erscheinen lässt, auch von einem Herzen der Erde als einer Wahrheit zu sprechen. So hat z. B. der Brasilianer José Lutzenberger (1926–2002), genannt das »grüne Gewissen Brasiliens«, in einer Reihe von Veröffentlichungen dargestellt, dass die Erde in Wahrheit nicht ein toter Gesteinsklumpen, sondern ein zutiefst lebendiges Wesen sei. Dieses Wesen nennt er im Anschluss an die griechische Sprache »Gaia«. Zunächst selber viele Jahre als Agrarchemiker für einen großen Konzern tätig, hat er leidvoll erfahren, wovon er spricht: dass wir Menschen nicht nur auf die Erde als auf ein riesiges Gestein wirken, auf dem einzelne Lebewesen sich befinden, sondern dass die Erde als Ganzes ein *Gesamtorganismus* ist. Den älteren Völkern war das immer bewusst, und sie haben danach gehandelt. Für sie war der lebendige Erdorganismus von Geist durchdrungen.

Wird es in Zukunft wieder möglich sein, darüber hinaus ein Organ dafür zu entwickeln, dass die Erde auch eine *Seele* hat, die ihren Mittelpunkt in einer Art »Herz« hat? Davon scheint Christus zu sprechen, wenn er darauf hindeutet, dass der Menschensohn drei Tage und drei Nächte im Herzen der Erde verweilen wird, offenbar ein Bild für den Durchgang durch den Tod, der Mysteriensprache entlehnt. Hat der Menschensohn eine Mission im Inneren der Erde? In welcher Verfassung war das »Herz der Erde«, als Christus diese Worte sprach? War auch die Erde als lebendiges Wesen in ihrem Innersten verfestigt, sklerotisiert?

Angeregt durch das Evangelium können wir uns folgende Anschauung machen: Die Erde als solche ist möglicherweise nicht nur eine an sich wertlose, für die Menschen nützliche Grundlage unserer Existenz, sondern selber ein lebendiges, ja beseeltes Wesen.[81] So wurden von den Griechen Uranos und Gaia als ein Ganzes, eine Einheit erlebt, innerhalb derer Gaia – die Erde – mehr den Mittelpunkt, Uranos – der Himmel – mehr den Umkreis bildete.[82] Erst die Neuzeit entkleidete beide zu bloßer Materie, sodass Kant im Glauben, bloßer Mechanismus beherrsche alles Sein, ausrufen konnte: »Gebt mir Materie und ich schaffe eine Welt daraus!« Wir stehen heute vor der Aufgabe, unser Bewusstsein von der Erde zu erweitern, die Erde als ein lebendiges Wesen zu verstehen und dies vor dem modernen Bewusstsein zu begründen. Die Worte Christi vom Herzen der Erde können uns anregen, die Empfindung in uns zu erwecken: Das, was ich draußen sehe in unendlicher Vielfalt, im Gang der Tages- und der Jahreszeiten, das ist Leben, darin wirkt eine atmende Seele, in dem allen lebt Empfindung, die zusammenströmt im Herzen der Erde. So können wir uns die Vorstellung bilden: In diesen Bereich des Herzens der Erde, der von den Widersachern besetzt war, drang der Christus im Tode ein, schaute dem »Fürsten dieser Welt« ins Auge und er als das »Herz Gottes« (Jakob Böhme), belebte das Herz der ersterbenden Erde neu. Auf den Tafeln des Herzens der Erde ist seitdem die Osterbotschaft geschrieben: Die Liebe hat den Tod überwunden. Der Keim einer neuen Sonnenkraft ist dem Innersten der Erde eingeschrieben, sodass Nietzsche ahnend sagen konnte: »Das Herz der Erde ist von Gold.«[83]

Das astronomische Zeichen für die Erde ist der Kreis, die Erdkugel repräsentierend, darüber aufgerichtet das Kreuz:

♁

während das Zeichen für die Sonne ein Kreis mit einem Mittelpunkt ist:

☉

Seit der Tat Christi müssten wir eigentlich das Sonnenelement auch dem Zeichen der Erde hinzufügen. Denn dem Herzen der Erde ist ein neuer Sonnenkeim eingeschrieben, ein lebendiger Zukunftskeim, der sich einmal zu einer neuen Erde (Offb 21,1) entwickeln wird:

Durch den Begriff »descensus ad inferos« (»Abstieg in die Hölle«) hat die traditionelle Theologie versucht, diesen Sachverhalt vorzustellen. Diesen »Abstieg« neu als eine kosmologische Tatsache zu begreifen, ist Aufgabe einer spirituellen Theologie. Der Grundgedanke kann dabei sein, dass es sich hierbei nicht nur um eine Erlösung der Seelen handelt, sondern um die Wiederbelebung des ersterbenden Erdenseins durch die Lebenskräfte Christi.[84] In Anlehnung an Paulus können wir sagen: Auch die Erde ist seit der Tat auf Golgatha ein »Brief des Christus«.

Denn wer die Erde geistig betrachten kann, für den ist sie durch Christi Wirken verändert, wie Gold leuchten die Spuren seines Wirkens auf, wenn die Erde geistig betrachtet wird. Wir bleiben noch bei der Betrachtung des Herzens.

5. Wilhelm Hauffs Erzählung »Das kalte Herz« – Zur Pathologie unserer Zeit

Das Herz ist das Zentralorgan des Menschen. In ihm und aus ihm wirkt die menschliche Seele. »Das Herz will nichts für sich, es dient allem anderen« (R. Steiner). Das Herz ist das Organ der Mitte, der Resonanzraum für Christus. Darum ist das menschliche Herz so umkämpft. Die Kraft, die Perspektive der »Ihr-seid«-Worte zu verinnerlichen und zu beherzigen, kann nur aus dem menschlichen Herzen erwachsen, aus dem im Herzen des Menschen wohnenden Christus. Im Kampf um das menschliche Herz entscheidet sich der Fortgang der gesamten weiteren Entwicklung von Menschheit und Erde. Was makrokosmisch mit der Erde im Ganzen geschehen, aber noch weitgehend unserer Erkenntnis verborgen ist, hat seine Parallele im einzelnen Menschen, im Inneren seiner Seele, in seinem Herzen. Zunächst ist unser Herz verhärtet, verfestigt und dadurch unempfänglich, wie es sogar das Herz der Jünger gegenüber der Osterbotschaft war: »Wie unerleuchtet ist euer Denken, und wie unlebendig euer Herz!« (Lk 24,38)

Der Dichter Wilhelm Hauff (1802–1827) hat in der Erzählung »Das kalte Herz« diese innere Situation des modernen Menschen in bildhafter Form dargestellt und so manches vorweggenommen, was erst nach seinem Tode volle Wirklichkeit geworden ist. Der Inhalt dieser Erzählung sei deshalb hier kurz geschildert: Der arme Kohlenbrenner Peter Munk möchte reich und angesehen werden. Nach mancherlei Geschehnissen bittet er in Verzweiflung den »Holländer-Michel«, einen bösen, mächtigen Waldgeist, dafür um Hilfe. Er bekommt sie, als er bereit ist, sein Herz dem »Holländer-Michel« zu überlassen, der es – zusammen mit vielen anderen – zu Haus verwahrt, wo es zuckend in einem Glase liegt. Stattdessen bekommt er ein steinernes Herz, das weder Angst noch Schrecken, weder Mitleid noch Unglück noch Dank mehr kennt. All diese Unruhe war ihm genommen; »aber es freute ihn nichts, kein Bild, kein Haus, keine Musik, kein Tanz, sein Herz von Stein nahm an nichts Anteil, und seine Augen, seine Ohren waren abgestumpft für alles Schöne. Nichts war ihm mehr geblieben als die Freude an Essen und Trinken und der Schlaf …« Schon bald erlebt er Langeweile, Öde und Überdruss, und es war ihm, als ob er »nur halb lebte«. Der »Köhler-Michel« weiß ihm Rat: Er soll sein Vermögen vermehren und arbeiten; so nahm Peter Munk sich vor, »reich und immer reicher zu werden«. Er verstößt seine alte Mutter und tötet seine junge Frau aus Zorn, weil sie einen armen alten Mann mit Essen versorgt hatte. Seine Frau, die ihm nachts erscheint, mahnt ihn: »Peter, schaff dir ein wärmeres Herz!« Nur durch die Hilfe eines guten Waldgeistes, des Glasmännleins, gelingt es Peter mit List, beim Holländer-Michel sein lebendiges Herz wiederzubekommen. Das Glasmännlein gibt dem Peter seine Mutter und seine Frau zurück. Und »sein Herz pochte freudig und nur darum, weil es pochte«. Hauffs Erzählung endet mit Peters Einsicht: »Es ist doch besser zufrieden sein mit wenigem, als Gold und Güter haben und ein kaltes Herz.«

6. Erkennen und Erkannt-Werden

Unsere Betrachtungen zum menschlichen Herzen haben ergeben: Zunächst war uns das seelische Herz in seiner Doppelnatur bei David begegnet: das *rein*e Herz, welches das Menschliche an Jonathan wahrnimmt und die Freundschaft mit ihm empfindet trotz der Feindschaft von dessen Vater Saul; dann aber das von *Begierde* erfüllte Herz, dem David innerlich nicht Einhalt gebieten kann und unterliegt; schließlich das *brennende* Herz, das die eigene Schuld und Unreinheit wahrnimmt und Gott um ein neues reines Herz bittet. Eine Art »Herzkunde« fanden wir dann ausgesprochen in den Worten Christi: Das Herz, das Innerste des Menschen, kann auch zur Quelle des Bösen werden. Christus spricht von einer »Herzsklerose«. Von ihr sind sogar die Jünger betroffen, deren Herz die Osterbotschaft zunächst verschlossen ist. Ihr Herz muss erst von Christus berührt und geöffnet werden. Maria Magdalena wird sehend aus dem Weinen heraus, den Emmausjüngern brannte das Herz, als sie durch den Auferstandenen die heiligen Schriften neu verstehen und mit Christus in Verbindung zu bringen lernten. Anschließend an das Wort vom »Herzen der Erde« konnten wir uns die innere Anschauung bilden, dass Christus nicht nur das Herz der Menschen, sondern auch das Herz der

Erde mit seiner Auferstehungskraft berührt und mit dem Keim neuen Lebens erfüllt hat. Im Hinblick auf unsere Gegenwart hat Wilhelm Hauffs Erzählung »Das kalte Herz« uns ermöglicht, die »Verstocktheit des Herzens« als Pathologie unserer modernen Zeit zu verstehen.

Durch dies alles ist deutlich geworden, dass wir uns mit der Frage nach dem Herzen als innerstem Wahrnehmungsorgan des Menschen mitten in unserer Gegenwart befinden. Wenn wir uns nun Paulus wieder zuwenden, so tun wir es, um das Urbildliche zu entdecken, das auch uns betrifft und weiterhelfen kann.

Die Gemeinde in Korinth wird gebildet von Menschen, die ihr »kaltes Herz« überwunden und sich der Christusbotschaft geöffnet haben. So konnten die Worte, mit denen die Apostel den lebendigen, gegenwärtigen Christus verkündigten, sich in ihre Herzen einschreiben: »Ihr selbst seid unser Brief. Er ist in eure[85] Herzen eingeschrieben und kann von allen Menschen als solcher erkannt und gelesen werden. Euer Wesen liegt vor aller Augen offen da: Ein Brief des Christus seid ihr.« (2 Ko 3,2 f.)

Ein Brief ist eine persönliche Mitteilung an einen Einzelnen oder an eine Gruppe von Menschen. Um den Inhalt vor anderen zu schützen, wurden Briefe schon in der Zeit ihres ersten Auftretens (2. Jahrtausend vor Christi Geburt) versiegelt. Die Briefinhalte waren zunächst amtlicher, aber bald auch privater Natur. Man schrieb auf Tontafeln, mit Wachs überzogene Holztäfelchen, später auf Papyrus, seltener auf Pergament. Schon der relativ geringe Platz, der zur Verfügung stand, veranlasste den Schreiber eines Briefes, sich auf das Wesentliche zu konzentrieren. Zugleich wandte er sich dem Empfänger des Briefes zu – vielleicht sogar tiefer als im direkten Gespräch.

Die (äußere) Distanz kann so unter Umständen Anlass für eine größere innere Öffnung und Begegnung werden, denn auf beiden Seiten ist Freiheit gegeben. Indem Christus sich in die Herzen der Menschen eingeschrieben hat, kann er die Menschen in Herzens-Freiheit entlassen.

Dass Christus nach vierzig Tagen unmittelbarer Nähe die Form seiner Existenz noch einmal änderte, indem er seine Gegenwart ausweitete, um sie allen Menschen und der Erde im Ganzen zukommen zu lassen, hat so auch den Aspekt, den Menschen erneut in völlige Freiheit zu setzen. Es war notwendig, dass Christus für die Menschen nicht mehr unmittelbar anschaubar war, sondern auf eine neue Weise ihnen geistig verbunden blieb. Christus räumt den Menschen so durch seine »Himmelfahrt« innere Freiheit ein, ohne sie jedoch zu verlassen. Es tritt ein für die Freiheit des Menschen notwendiger Abstand ein, und doch ist er bei uns, in unseren Herzen bis ans Ende der Erdenzeit.

So wird das, was die Apostel verkünden, wie zu einem Brief des Christus, der unter den Menschen anwesend, gegenwärtig ist, aber nicht mehr direkt, »handgreiflich«, wie er es in den ersten vierzig Tagen nach Ostern war. In diesem Sinne schildert Lukas das Ereignis der Himmelfahrt als das Eintreten einer größeren Distanz (Lk 24,51) zwischen den Menschen und Christus, der ihnen aber gleichzeitig segnend zugewandt bleibt! Die Botschaft von dem Sohn, die die Apostel verkünden, ist ganz persönlich von Christus zu den einzelnen Menschen gesprochen, vermittelt durch die Apostel. Sie besteht nicht nur aus Worten, sondern ist substanzielle, die Distanz überbrückende Mitteilung, so wie ein Feuer ein anderes Feuer entzünden kann, ohne selber weniger zu werden. Von einer solchen Gabe Gottes in die Herzen der Menschen hatte Paulus schon im 1. Kapitel des gleichen Briefes gesprochen. Es ist die Beschreibung einer tiefen Veranlagung des Menschen auf Christus hin, die Paulus uns dort in das Bewusstsein heraufheben will: »Er hat uns gesalbt und versiegelt und den Keim des Geistes in unsere Herzen gepflanzt.« (1 Ko 1,21 f.)

Was ist da im menschlichen Herzen auf ganz verborgene Weise geschehen? All die Hoffnungen, die von der göttlichen Welt aus offenbar auf uns Menschen gesetzt werden – wir haben versucht, sie uns anhand einiger »Ihr-seid«-Worte deutlich und lebendig zu machen – stünden auf tönernen Füßen, hätten wir nicht zugleich göttliche Hilfe empfangen für unseren Menschheitsweg. Darauf scheint Paulus uns hier hinweisen zu wollen. Welcher Art ist diese Hilfe?

Der Hebräerbrief nennt Christus unseren Hohepriester (Hebr 4 u. 5), eingesetzt für den Umgang des Menschen mit Gott. Darauf deutet auch das hebräische Wort für Priester »kohen«, das so viel bedeutet wie »dienend (opfernd) vor der Gottheit stehen«.

Sein Opfer, das Opfer seiner selbst, hat im Keim alles Erdensein verwandelt, insbesondere auch das Sterben selber. Christus hat nicht nur an seinem eigenen Leibe für sich den Tod überwunden, er hat das Sterben als solches für uns verwandelt. Er hat es uns nicht abgenommen, aber Sterben kann seither anders werden. In jedem Sterben ist Christus als Potenz mit anwesend, wir können ihn bewusst hereinrufen in alle Sterbevorgänge, wir können lernen, in Christus zu sterben. Dies hat Paulus zutiefst empfunden, der einerseits sein Leben als ständiges Sterben-Müssen erlebte:»Ich sterbe täglich ...« (1 Ko 15,31), andererseits aber auch ausrufen konnte: »Verschlungen ist durch den Sieg des Lebens der Tod. Tod, wo ist dein Sieg? Tod, wo ist dein Stachel?« (1 Ko 15,55)

Vor seinem Tod hat Christus für uns Menschen gebetet. Zu Recht hat man dieses Gebet das Hohepriesterliche Gebet genannt. Es will alle Menschen in Christus vereinen, es will sein Sterben Hilfe werden lassen für unser Sterben. In diesem Sinne hat er uns gesalbt, dem Tod den Stachel genommen: »Wer sich glaubend mit meiner Kraft erfüllt, wird leben, auch wenn er stirbt.« (Jo 11,25) Das Gesetz von »Stirb und Werde« offenbart aber nicht nur die Verwandlung des Sterbens zu einem neuen Gebären, sondern es offenbart auch ein neues Königtum des Menschen. Die Salbung zum König, wie wir sie vielfach aus der Geschichte kennen, wird von Christus auf alle Menschen erweitert. An die Stelle des äußeren Königtums tritt die innere Königswürde. Christus wird nicht äußerer König der Juden – dies weist er bewusst zurück (vgl. Jo 6,15). Seine Krone ist die Dornenkrone. Diese Krone ist aber zugleich die Krone eines höheren, aus Leid und Tod heraus geborenen Lebens. Diesen Weg zu einem inneren Königtum weist Christus allen Menschen: »Sei stark bis in den Tod, dann will ich dir die Krone des Lebens geben.« (Offb 2,10)

Die Krone des Lebens aber ist eine Dornenkrone! So können wir ahnen, was Paulus vor seiner inneren Anschauung hatte, als er der Gemeinde in Korinth schrieb, Christus habe uns Menschen gesalbt: Er hat für uns das Sterben von innen heraus verwandelt und uns dadurch den Weg zu einem neuen geistigen Königtum gebahnt. Hat Maria Magdalena dies schon damals in ihrer mitfühlenden Seele geahnt, als sie ihrerseits Christus salbte, der dies als eine »schöne Tat« (Mt 26,10) im Hinblick auf sein Sterben vor den Jüngern verteidigte?

Inwiefern aber sind wir als Menschen von Gott »versiegelt«? Was ist damit gemeint? Gehen wir zunächst von der gewöhnlichen Bedeutung des Wortes aus. Wir kennen das Wort in der

Bedeutung »schützen«, wie wir auch heute noch davon sprechen, dass man einen Fußboden »versiegeln« kann, um ihn vor Abnutzung zu schützen. In demselben Sinne hat man auch den Inhalt eines Briefes vor Unbefugten geschützt, indem man ein Siegel aufdrückte. Ähnliches meinen wir, wenn etwas unter dem »Siegel der Verschwiegenheit« mitgeteilt wird. So haben wir in der Apokalypse das Buch mit den sieben Siegeln (Offb 5), die nur das Lamm würdig ist zu öffnen. Und weiter empfangen die Hundertvierundvierzigtausend das »Siegel des lebendigen Gottes« (Offb 7,2), das ihnen auf die Stirne gedrückt wird, während andere den Namen oder die Zahl des Tieres als Prägezeichen auf ihrer rechten Hand oder an ihrer Stirn tragen (Offb 13,16ff.; 19,20).

Im Vorgang des Siegelns wird einem weichen, empfänglichen Stoff (z. B. dem Siegellack) ein bestimmtes Zeichen aufgeprägt, ein Mal. Dieses Bild überträgt Paulus auf die Praxis der Religion. In der Hinwendung zum Göttlichen exponiert sich der Mensch den Kräften, die sich ihm allmählich ein- und aufprägen, ihn leise verändern. Die Metapher, dass die Menschen durch ihren Glauben und durch ihr Bekenntnis zu Christus versiegelt wurden, gebraucht Paulus sonst nur noch im Epheserbrief. Andrew Welburn hat überzeugend dargestellt, dass dieser Brief als eine Art Unterweisung im Verlaufe einer christlichen Einweihung verstanden werden muss.[86] In diesem Zusammenhang versteht er die »Versiegelung« als Einprägung bestimmter Zeichen und Wortlaute, die dem Geweihten immer neu den Weihevorgang vergegenwärtigen sollten, der »besiegelt« wurde durch bestimmte Worte und Zeichen: Das Versiegeln war ein Vorgang in den Mysterien, der möglicherweise aus Handbewegungen und heiligen Zeichen bestand, vor allem aber dazu diente, die Teilnehmer an der Einweihung von gewöhnlichen Menschen zu unterscheiden. So scheint bei diesen Einweihungszeremonien insbesondere die individuell erweckende Kraft des Heiligen Geistes vermittelt worden zu sein (vgl. Eph 1,13; 4,30), der die Geweihten durch ihre Lebensführung zu entsprechen hatten.

Man kann auch über die Mysterien hinaus allgemein an die Prägekraft des christlichen Bekenntnisses denken, das uns in seiner einfachsten keimhaften Form schon in den Paulusbriefen entgegentritt, z. B. im Philipperbrief in der Formel »Jesus Christus, der Herr« (Phil 2,11). Ein solches aus innerster Freiheit immer wieder erneuertes, gelebtes Bekenntnis hat Siegelkraft. In diesem Zusammenhang ist möglicherweise auch an die Anfänge einer Bekreuzigung zu denken, die als ein prägendes Zeichen wohl schon von den ersten Zeiten des Christentums an geübt wurde. Durch all dies wird Christus, der neue Adam, der neue Mensch, dem alten Menschen eingeprägt als Archetypus des Menschen.

Wenn Paulus im zweiten Brief an die Korinther davon spricht, dass der »Keim des Geistes in unsere Herzen gepflanzt« (2 Ko 1,22) sei, kann uns das an das Pfingstereignis erinnern. Die im Gebet vereinten Jünger erleben als Echo auf ihre Hinwendung zur göttlichen Welt das Erbrausen des Geistes und seine heiligen Flammen. Diese Flammen entzünden in ihnen ein neues Feuer, das von oben her, nicht aus den Leidenschaften des Blutes, entzündet wird. »Ich bin gekommen, ein Feuer auf die Erde zu werfen; ich habe keinen anderen Wunsch, als es entflammt zu sehen.« (Lk 12,49) Dieses Feuer, den Keim des Geistes im Herzen jedes Menschen, hat Paulus erlebt und trug es in sich, obwohl er bei dem Urpfingsten des Jahres 33 noch Feind der Christen war! Sein Pfingsten war das Erlebnis vor Damaskus, als das Feuer vom Himmel seinen Geist umschmolz und ihn empfänglich machte für den lebendigen Christus, der den

Geist in unsere Herzen sendet. Diese Geistkraft lebt seit dem Ur-Pfingsten verborgen in jedem Menschen. Sie immer neu zu entzünden in ihrer erweckenden, heilenden Kraft ist der Sinn jedes Pfingstfestes. Das Herz ist der Schlüssel der Welt und des Lebens.

An dies alles können wir denken, wenn wir nun an unsere Ausgangsstelle zurückkehren. Dies alles ist einbeschlossen in die lapidaren Worte, die uns erwecken wollen für das Zukünftige, das wir durch die Gnade Christi in unseren Herzen tragen: »Ihr selbst seid unser Brief. Er ist in unsere Herzen eingeschrieben und kann von allen Menschen als solcher erkannt und gelesen werden. Euer Wesen liegt vor aller Augen offen da: Ein Brief des Christus seid ihr; wir waren es, die ihn zu überbringen hatten. Er ist nicht mit Tinte, sondern mit dem Geist des göttlichen Lebens geschrieben, nicht auf steinerne Tafeln, sondern auf die Tafeln des Herzens, aus Fleisch und Blut.« (2 Ko 3,3)

Kurz vor Weihnachten 1914, dem ersten Kriegsjahr des Ersten Weltkrieges, wies Rudolf Steiner darauf hin, dass das verantwortliche Mitwirken des Menschen hinaufreicht bis zu den *Cherubim* und *Seraphim*. Die Cherubim empfangen geistiges Licht aus dem geistgemäßen Wahrnehmen, Vorstellen und Denken der Menschen, die Seraphim geistige Wärme, geistiges Feuer aus den moralischen Impulsen der Menschen.[87] Steiner deutet einmal sogar an, dass die Menschen auch dem *Christus* gegenüber eine helfende Aufgabe haben, indem die vom Menschen ausstrahlenden Kräfte des Staunens und der Verehrung, des Mitleids, der Liebe und des Gewissens dem Auferstandenen helfen, auf *Erden* wirken zu können.[88]

III. Rituale: Tempel in der Zeit – Orte der Begegnung von Menschen und geistigen Wesenheiten

Vielen heutigen Menschen sind Rituale fremd, sie empfinden sie als leere Formen, als sinnlos. In der Soziologie wird sogar von einer »Revolte gegen Rituale« gesprochen. Das hängt oft damit zusammen, dass Rituale als »kirchlich« erlebt werden, was wiederum für sehr viele mit Macht, Dogmatismus, Unterdrückung, Herrschaft verbunden ist. Kirche ist »out«.

Auf der anderen Seite gibt es eine starke Sehnsucht nach dem, was Rituale früher vermittelt haben: Gemeinschaft, Schutz, Ruhe, Sinnhaftigkeit, Selbstfindung. Aus dieser Sehnsucht heraus werden heute neue Rituale geschaffen: Rituale im Alltag, Rituale in neuen Gemeinschaften bis hin zu Heilungsritualen für die Natur. So haben wir auf der einen Seite kritische Distanz bis hin zu völliger Ablehnung von (alten) Ritualen, auf der anderen Seite Sehnsucht nach (neuen) Ritualen.

Dann sind da Menschen, welche die Kritik teilen, aber nicht »das Kind mit dem Bade ausschütten« wollen.[89] Sie versuchen, von verschiedenen Seiten her das *Wesentliche*, auch von überkommenen Ritualen zu erfassen, ihren tieferen Sinn zu begreifen und ihre Bedeutung für den Menschen und für Menschengemeinschaften neu zu beschreiben. Dabei ist Grundlage für alle Überlegungen zur Zukunft von Ritualen das Prinzip absoluter, individueller Freiheit und die Anerkennung universeller Menschenwürde. Mit künftigen Ritualen darf kein Zwang und keinerlei Herrschaft einhergehen.

Menschliche Rituale sind gewohnte, sich wiederholende Handlungen, die unsere Lebenszeit ordnen können, sei es die Zeiten des Tages, des Jahres oder der Lebensalter. Sie geben uns in der Zeit ein Zuhause. Ihre Wiederholungen, ihr Rhythmus geben Struktur und Halt, sind das, was Häuser im Raum sind. Sie bestimmen unseren geistigen Ort im Ganzen der Welt. In Festen und in gemeinsamen Ritualen und Zeremonien finden sich Einzelne zu einer Gemeinschaft zusammen, erleben sich freiwillig geeint durch gemeinsames rituelles Tun. In Festen kann sich die gleichmäßig verlaufende Zeit zu »Hoch-Zeiten« verdichten, die sich dem Ewigen öffnen. Solche Höhepunkte geben unserem Leben neue Qualität, Frische und Sinn.

Leider ist das Ansehen von Ritualen heute in den von christlichen Kirchen geprägten Ländern geschwunden. Schon vor über fünfzig Jahren sprach die Sozialanthropologin Mary Douglas von »Abscheu und Widerwillen gegen Rituale allgemein«. »Ritual« sei ein anstößiges Wort geworden, Ausdruck für leeren Konformismus. Der Kern dieser Abneigung aber gehe noch tiefer, denn der Kern sei »eine allgemeine Revolte gegen Form überhaupt«.

Was bedeutet »Form«? Auf der einen Seite entsteht Form, wenn etwas Inneres nach außen tritt, sich ausgestaltet, äußere Form annimmt: *Form als Gestalt.* Auf der anderen Seite braucht Geist Form und Formen, um in der Welt wirken zu können, einen irdischen Fußpunkt zu haben: *Form als Gefäß.* Die Form als von innen heraus geschaffene Gestalt und deren Umgestaltung kennen wir als Gesetz unserer Menschwerdung. Als geistige Wesen empfangen wir ein »Kleid«, eine Formgestalt von Mutter und Vater, und gestalten sie immer mehr um, z. B. im

Abstoßen der ersten Zähne zugunsten der eigenen, selbst hervorgebrachten. *Die Form als Gefäß* ist das Grundprinzip von Ritualen, von kultischen Zeremonien, von rituellen Festen. Sie bilden immer neu aus der Gemeinschaft ein geistiges Gefäß für die Götter, für den Himmel. Die Form als Gefäß bedarf der Erfüllung durch die Himmelswelt. »Komme zu uns ...«

Erstarrt aber die Form, bleibt das Gefäß leer, die Rituale verlieren ihren Sinn. Versäumen wir die rechten Formen als Gefäße zu schaffen, weil wir den guten Sinn von Form nicht mehr verstehen, fehlt dem Himmel die Verbindung zu uns, der Empfangsort, das feierliche »Willkommen«.

Zukünftige Rituale brauchen klares Bewusstsein, Bewusstsein für zwei ganz verschiedene Gefahren. Die eine Gefahr ist, dass Rituale erstarren, unlebendig werden und so ihren Segen verlieren. Die andere Gefahr ist, dass der Sinn für Rituale, der Sinn für geistige Formen als Gefäße für Gemeinschaftsbildung ganz verloren geht.[90]

Antoine de Saint-Exupéry[91] spricht in seinem Roman *Citadelle* positiv über Riten, über sich wiederholende Feste. Sie schaffen ein zeitliches Zuhause, zu dem wir immer wieder zurückkehren, an dem wir uns sammeln und finden können.

»... die Riten sind in der Zeit, was das Heim im Raum ist. Denn es ist gut, wenn uns die verrinnende Zeit nicht als etwas erscheint, das uns verbraucht und zerstört wie die Handvoll Sand, sondern als etwas, das uns vollendet. Es ist gut, wenn die Zeit ein Bauwerk ist. So schreite ich von Fest zu Fest, von Jahrestag zu Jahrestag, von Weinlese zu Weinlese ...«[92]

Ein weiterer Aspekt von Ritualen ist das Prinzip der *Wiederholung*. Der Philosoph Søren Kierkegaard (1813–1855) hat diesem Thema ein eigenes Werk gewidmet, *Die Wiederholung*.[93] Darin unterscheidet er verschiedene Arten von Erinnerung.

Die gewöhnliche Erinnerung geht zurück zu etwas Vergangenem. Die höhere Art von Erinnerung nennt Kierkegaard *»lebendige Wiederkennung«*, die nach vorwärts erinnert! Sie vergegenwärtigt das Vergangene, intensiviert es in lebendigem Erleben, stiftet lebendige Gegenwart. Diese Art von Erinnerung schafft nach Kierkegaard »Intensität für die Zukunft«! Die bloße Erinnerung sei wie ein abgelegtes Kleidungsstück, aus dem man aber herausgewachsen sei. Die echte Wiederholung aber »ist ein unzerschleißbares Kleid, das fest und doch zart umschließt, weder drückt noch schlottert.« Was für eine feine, wesentliche Unterscheidung zwischen diesen Arten von Erinnerung: Erinnerung nach rückwärts oder lebendige »Wiederkennung«, Erinnerung nach vorwärts, Erinnerung für die Zukunft, die uns wie ein feines zartes Gewand umhüllt!

Im zentralen Ritus des Christentums, der Messe, steht im Mittelpunkt die Erinnerung an das Abendmahl, das Christus mit seinen Jüngern am Abend vor seinem Kreuzestod gefeiert hat. Wie erinnern wir uns daran? Mit Kierkegaard gesprochen: Erinnern wir uns nur »rückwärts« oder damit zugleich und in eins »vorwärts«? Wie lebendig kann die Erinnerung an die Einsetzung des Abendmahls werden? Hören wir zunächst den Wortlaut, in dem Paulus diese Einsetzung schildert. Woher hat er diese Erinnerung? Haben ihm die damals anwesenden Jünger, die Zeugen, die, welche leibhaftig dabei waren, davon erzählt? Paulus beruft sich einleitend auf eine andere Quelle, auf die *Erinnerung des Auferstandenen selber* an das Abendmahl. Dieser erinnert sich an sich selbst, an die Zeit, als er in dem Menschen Jesus lebte. Diese Erinnerung hat Paulus unmittelbar von dem Auferstandenen empfangen: »Ich habe diese Worte, so wie ich sie an euch weitergegeben habe, von dem

Herrn selbst empfangen: In der Nacht, da er verraten wurde, nahm Jesus der Herr das Brot und sprach über ihm die Segensworte, brach es und sprach: Nehmet hin, das ist mein Leib! Dies vollzieht fortan zur Vergegenwärtigung meines Wesens. In gleicher Weise nahm er nach dem Essen des Brotes auch den Kelch und sprach: Dieser Kelch ist der neue Gottesbund durch mein Blut. Vollzieht dies, sooft ihr daraus trinkt, zur Vergegenwärtigung meines Wesens.« (1 Ko 11,23-25)

Es liegt an uns, ob diese zentrale Erinnerung an das Abendmahl äußerlich, historisch, »rückwärts« bleibt, oder ob sie in unserem Herzen innerlich, er-innert, gegenwärtiges Leben wird.

Dass solche lebendige Wesensvergegenwärtigung uns wie ein zartes Gewand für die Zukunft umhüllen kann, wusste – wie später Kierkegaard – auch Paulus, indem er den geheimnisvollen Auftrag aussprach: »Bekleidet euch mit dem Wesen Jesu Christi, des Herrn.« (Rö 13,14) Wie ein feines Gewand kann die Nähe Jesu Christi uns umgeben, umhüllen, um uns weben, unsichtbar, aber spürbar. Die Gegenwart Christi, den wir in der Eucharistie, im Abendmahl uns lebendig vergegenwärtigen, ist wie ein Schleier, der nicht verhüllt, sondern offenbart. In der Eucharistie kann sich Christi Wiederkunft, seine immer neue Nähe ereignen.

Paulus war dieser Zusammenhang zwischen Eucharistie als Vorwärtserinnerung und der Wiederkunft Christi offensichtlich bewusst. Wenn die Menschen das Mahl mit Brot und Wein halten, so sollen sie sich über die Intention, den Sinn dieses Dankmahles voll im Klaren sein. Der Sinn liegt beschlossen in der »Vorwärtserinnerung« und in der Vorbereitung des Ereignisses der Wiederkunft Christi im Bewusstsein, im Erleben, im Empfinden der Menschen. Paulus schreibt an die Gemeinde in Korinth: »Jedes Mal also, wenn ihr dieses Brot esset und aus dem Kelch trinkt, verkündigt ihr den Christus-Opfertod und bereitet sein Kommen vor.« (1 Ko, 11.26)

Um aber im Ritual der Eucharistiefeier das unzerschleißbare Kleid, das uns fest und doch zart umschließt, aus dem Wesen Christi zu empfangen, bedarf es von menschlicher Seite aus andächtiger *Stille* und *Aufmerksamkeit*. Andächtige Stille durchdringt alle Sinne, öffnet sie und macht sie empfänglich. Das ist echte Gebetsstimmung, bewusste Andacht. Denn Beten – so der schon erwähnte Kierkegaard – bestehe nicht im »Losreden«, sondern darin, still zu werden, »bis man Gott hört«. Eine gesteigerte Aufmerksamkeit während der Teilnahme an Ritualen erschließt den Menschen erst deren innere Wirksamkeit.

Heute gilt die Aufmerksamkeit zu Recht – neben den Ressourcen der Natur – als das entscheidende Zukunftskapital der Menschheit. Wir stehen mitten in einem weltweiten Kampf um die Aufmerksamkeit der Menschen. Wem *schenken* wir unsere Aufmerksamkeit, das »natürliche Gebet unserer Seele« (Nicolas Malebranche, *Von der Erforschung der Wahrheit*. Hamburg 1968).

Von dieser Frage aus kommen einige heutige Autoren zu einer ganz neuen *Wertschätzung der Rituale für den Menschen*. Der Soziologe Hartmut Rosa (* 1965) betrachtet Rituale unter dem Gesichtspunkt der *Resonanz*.[94] Rituale bringen eine *»Resonanzgemeinschaft«* hervor, sie stiften *Resonanzachsen* vertikal zu den Göttern, zum Kosmos, zur Ewigkeit und horizontal in der sozialen Gemeinschaft. Rituale – so Rosa – fördern die Fähigkeit zu Resonanz und damit zu Beziehung und Begegnung, sie öffnen die Dimension zum anderen.

Der Philosoph Christoph Türcke (* 1948) thematisiert ebenfalls Rituale im Zusammenhang mit der Fähigkeit der Aufmerksamkeit.[95] Er sieht in ADHS den Anfang eines globalen Verlustes von Aufmerksamkeitsfähigkeit, von Konzentration und Beharrlichkeit. Türcke schlägt deshalb die Einführung von »*Ritualkunde*« an Schulen vor. Denn allein rituelle Wiederholungen als Kulturtechnik seien in der Lage, Aufmerksamkeit zu stärken und zu vertiefen und so die Grundlage für Kreativität zu schaffen!

Die Abwehr und Ablehnung von Ritualen scheint einer neuen Schätzung und Offenheit, ja sogar Wertschätzung zu weichen. Wird sich dadurch auch ein neuer Blick auf die Eucharistiefeier, auf das zentrale Ritual des Christentums eröffnen? Auf das Ritual als heiliges Gefäß, als Tempel der Stille? Auf das Ritual, in dem durch »Vorwärtserinnerung« die Anwesenheit Christi und seiner Engel zumindest geahnt und gefühlt werden kann? Auf das Ritual, das vertikale und horizontale Resonanzgemeinschaft schafft: zu Christus, zum anderen und zu unserem Himmelsmenschen, unserem höheren Selbst? Rituale als Tempel der Stille sind Orte der Begegnung mit Christus, mit den anderen und mit unserem wahren Wesen. Paulus wusste von diesem Mysterium: »... ihr seid gestorben, und euer wahres Leben und Sein ist mit Christus vereinigt und verborgen in der geistigen Welt. Wenn aber Christus, der unser wahres Wesen trägt, vor die Anschauung treten wird, dann wird mit ihm auch unser wahres Wesen im Geisteslicht zur Offenbarung kommen.« (Kol 3,3 f.)

Was sind also Rituale? Rituale sind symbolische Handlungen, die Gemeinschaft begründen, indem sie vertikale und horizontale Resonanzräume schaffen. Diese Resonanzräume eröffnen die Beziehungen des Menschen zur Gotteswelt, zum Wesen der anderen und zum eigenen Genius. In diesem Sinne sind Rituale auch das *Herz der Feste*. Im Feiern echter Feste berühren wir die Sphäre des Ewigen, das sich uns zuneigt. Der Dichter Friedrich Hölderlin (1770–1843) wusste wie kaum ein anderer um das Wesen wahrer Feste. Wenn Menschen mit dem gleichen Ansinnen und offenem Sinn zu Festen zusammenkommen, werden diese zu »Hoch-zeiten« mit den Göttern, zu »Brautfesten«. Sie stiften Gemeinschaft mit den Göttern.

Überall können wir heute unsichtbare Tempel erbauen, Orte der Stille, Zeit-Tempel, wo wir uns öffnen, lauschen und empfänglich werden können, welche Hoffnungen und Erwartungen die Wesen der göttlich-geistigen Welt an uns haben.

Rituale sind Sammelpunkte. Wir selber sammeln uns in der Stille, versammeln uns mit den anderen zur Kultusgemeinschaft. Ort und Zeit öffnen sich zum Ewigen, der Himmel neigt sich, Grenzen werden durchlässig. Engel werden oft in Grenzsituationen erfahren, wenn Gewohntes durchbrochen wird, wenn Normalität aufreißt.

In Engeldarstellungen finden wir wache, oft ernste Antlitze, die uns anschauen. Sogar die Flügel von Cherubim und Seraphim sind mit Augen übersät. Mit diesem Gefühl: »Wir werden angeschaut, die Engel sehen auf uns in stiller Präsenz« erblüht Begegnung. Sie kann immer und an jedem Ort geschehen. Rituale sind gestiftete Gefäße für die Begegnungen der Menschenwelt und der Himmelswelt, die auf den Menschen hofft.

Mensch

V. Apokalyptische Motive – Das Wagnis Mensch

1. »Ihr alle seid Söhne Gottes« (Gal 3,26)

Welch ein erschütternder Ausruf des Paulus! War er selbst einst ein fanatischer Anhänger der Gesetzeslehre, sieht er jetzt nach seinem Erlebnis vor Damaskus die jüdische Gesetzesreligion in einem größeren historischen Zusammenhang. Er bestätigt zwar die allgemeine jüdische Anschauung, dass das Gesetz, die Thora, d. h. im Kern die fünf Bücher Mose mit allen ihren Bestimmungen, »unter Mitwirkung der Engel« (Gal 3,19) an Moses vermittelt worden sei. Und so habe sich in den Jahrhunderten seitdem das Volk Israel unter der Bewachung und unter dem Verschluss des Gesetzes befunden. Das Gesetz hat zwar das Bewusstsein für die Verfehlungen der Menschen geschaffen, aber es ist für niemanden erfüllbar gewesen; so ist das Gesetz zu einem »Fluch« (Gal 3,13) für die Menschen geworden, nicht zum Segen.

Paulus sieht die Thora, das gottgegebene Gesetz, als Vorbereitung, als Hinführung, als Weg zu Christus: »So ist das Gesetz unser Erzieher geworden auf Christus hin ...« (Gal 3,24). Das Gesetz, die Thora hat ihren historischen Zweck erfüllt, mit Christus ist eine neue Zeit angebrochen. »Als aber die Zeit erfüllt war, sandte Gott seinen Sohn ...« (Gal 4,1) Das Gesetz ist Erziehung, Erziehung zur Freiheit, Erziehung auf Christus hin. Aber – das ist die große Menschheitsfrage – wird echte

Freiheit gelingen? Können die Menschen »sich selbst ein Gesetz« werden, indem ihnen das rechte Tun »in ihre Herzen eingeschrieben« wird (Rö 2,14 f.)?

Im obigen Zitat (»Ihr alle seid Söhne Gottes«) spricht Paulus aus, wie groß er vom Menschen denkt. Er traut ihm einen ethischen Individualismus zu, er vertraut auf den Christussamen in jedem Menschen. Es wird Zeit brauchen, vielleicht Äonen, aber in der Beziehung zu und mit Christus kann der Mensch wachsen, er kann seinen niederen Trieben entwachsen, sie allmählich umwandeln. Paulus wird nicht müde, diese Herzensbeziehung zu Christus immer neu und anders seinen Gemeinden zu schildern und sie dafür zu erwärmen. Er will in ihnen »das Herzensgehör des Glaubens erwecken« (Rö 1,5), er will, dass der Glaube in ihnen »zum Quell des Lebens« (Rö 1,17) wird, dass ihnen der Glaube zum »Quell der wahren Zukunft« wird, indem er »der Gnade Raum gibt« (Rö 4,16).

Kann und will der Mensch seine Freiheit vom Gesetz mit Christus verbinden, Christus zum Inhalt seiner Freiheit machen, Christus in sich bergen und ihn zur Quelle eines künftigen »Handelns aus Christus« machen? Das ist dem Menschen zugedacht, fern von allem Hochmut: Christus immer neu in sich zu beleben: »Ihr alle seid Söhne Gottes durch die Herzensverbindung mit Christus, durch den Glauben an Christus.« (Gal 3,26)

Das ist das große Ziel, die Hoffnung und stille Erwartung der göttlichen Welt, dass in den Menschen der Geist Gottes anstelle eines Geistes der Knechtschaft wirksam wird. Diesen christlichen Geist als Lebensantrieb nennt Paulus den »Geist der Sohnschaft« (Rö 8,15). Er soll uns als einzelne Menschen und als Menschheit im Ganzen ergreifen. Darauf aber wartet und hofft die ganze Welt, alle Kreatur im Himmel und auf Erden, dass die Menschheit aus Freiheit und in Verantwortung diese Sohnschaft in Christus ergreift: »Rings um uns her wartet alle Kreatur mit großer Sehnsucht darauf, dass in der Menschheit die Söhne Gottes zu leuchten beginnen.« (Rö 8,19)

2. *»Ihr alle seid geeint in Christus Jesus« (Gal 3,28)*

Es war die Mission der Menschen des israelitischen Volkes, dass sie inmitten einer Welt, die in verschiedenster Form viele Götter verehrte, ihre Gottesverehrung auf den *einen* Gott konzentrierten und so ihren *Monotheismus* begründeten, den Glauben an den *einen* Gott. Dieser hatte durch Moses verkündet: »Du sollst nicht andere Götter haben *neben mir«* (2 Mo 20,3). Das lässt Raum für untergebene, untergeordnete Geistwesen, für alle Hierarchien. Aber der Mensch sieht sich nun wesentlich dem *einen* Gott gegenüber, der seinerseits diesem *einen* auserwählten Volk gegenübersteht, es beauftragt und führt.

Aus diesem Gegenüber, aus dieser Beziehung zu dem *einen* Gott, hat sich auch im Menschen eine Zentrierung ergeben. Der »Ich bin der Ich bin« hat im Volke Israel einen frühzeitigen Ich-Impuls hervorgerufen und gefördert, gestützt durch das fortwährende bewusste Ringen: Halte ich die im Laufe der Zeit immer größer werdende Zahl der Gesetze ein? Bin ich konform mit dem Gesetz, das Beachtung durch mein waches Ich erfordert?

Die Ich-Entwicklung ist ein zweischneidiges Schwert. Das Ich des Menschen ist auf der einen Seite das, was ihn auszeichnet vor allen anderen Geschöpfen, deren Ich nicht auf der Erde, sondern in höheren Welten lebt. Auf der anderen Seite ist dieses Ich einsam, isoliert, schwankt zwischen Hochmut und

Verzweiflung. Selbstüberschätzung und Depression, »himmelhoch jauchzend« und bald darauf »zu Tode betrübt«. Die absolute Einsamkeit, das ganz auf sich allein Gestelltsein ist notwendig, aber auch Not, Not vor dem Abgrund. Auf dieser »Reise in die Unterwelt« ist nichts mehr, was uns trägt, schützt und hält. Das Ich begegnet dem Nichts, das es zu vernichten droht – bis es erfährt: Ich werde gesehen, ich werde erkannt, ja ich werde geliebt. In meiner absoluten Einsamkeit bin ich gefunden.

Nichts, was aus der Vergangenheit kommt, wird uns in Zukunft von selber tragen – nur der Blick auf die Zukunft kann uns vereinen, der Blick auf die gemeinsamen Aufgaben. Christen-Gemeinschaft ist Aufgaben-Gemeinschaft. Christus, der lebt und waltet für die Zukunft von Erde und Menschheit, eint uns aus der Zukunft. Christen-Gemeinschaft ist die Gemeinschaft Einzelner, die in dem Streben nach Christus, in dem Ringen um Christus immer neu scheitern – und wachsen. Glaube ist überwundener Unglaube, Überwindung der Gottesleugnerkrankheit im modernen Menschen, und zwar – so leidvoll es ist – immer wieder neu: »Ihr alle seid geeint in Christus Jesus.«

3. »Ihr alle seid Söhne des Lichtes und Söhne des Tages« (1 Thess 5,5)

Das älteste Dokument des Christentums, das wir besitzen, ist vermutlich der erste Brief an die Menschen in Thessaloniki (heute Saloniki).[96] Thessaloniki war eine Weltstadt, eine wichtige Hafenstadt, lag an der Via Egnatia, der bedeutendsten Ost-West-Verbindung des Römischen Reiches und war Hauptstadt der römischen Provinz Mazedonien. Zu den Menschen dieser

Weltstadt spricht Paulus über Themen, die die ganze Menschheit, die ganze Welt betreffen: die Wiederkunft Christi, die Auferstehung der Toten, den »Jüngsten Tag«. Seine zwei Briefe an die Thessalonicher enthalten so etwas wie die »Apokalypse des Paulus«.

Dem ersten Brief war Dramatisches vorausgegangen. In Philippi waren Paulus und sein Begleiter Silas angegriffen und öffentlich ausgepeitscht worden (Apg 16). Von dort zogen sie weiter nach Thessaloniki, verkündeten in der Synagoge die neue Botschaft. Aber auch dort gab es Tumulte, die Paulus zur Weiterreise zwangen. Später erfährt er über seinen Boten Timotheus von der Treue der dortigen Gemeinde. Das ist die Situation für den ersten Brief des Paulus an die Menschen in Thessaloniki.

Wir finden das obige »Ihr-seid«-Wort im Zusammenhang mit apokalyptischen Motiven, die Paulus hier anschlägt: »Über die Zeiträume und die rechten Augenblicke habt ihr, liebe Brüder, nicht nötig, dass ich euch schreibe. Ihr wisst sehr wohl, dass der Christus-Tag kommt wie ein Dieb in der Nacht.« (1 Thess 5,1 f.) Wie für uns Heutige gesprochen heißt es dann: »Wenn die Leute sagen: Jetzt herrscht Friede, und alles steht in Sicherheit, dann bricht plötzlich die Katastrophe über sie herein ...« (1 Thess 5,3).

Wie sollen die Menschen das verstehen, was über sie hereinbricht, was sollen sie tun, wie sollen sie sich verhalten? Erstens sollen sie verstehen, dass der Zusammenbruch des Alten Bedingung für den Aufbruch des Neuen ist. So wie die Wehen kommen über die Schwangere, so leben wir in den *Wehen einer neuen Zeit.* Gegenüber diesem Kommenden ermahnt Paulus sie zweitens zur *Wachheit,* zur Nüchternheit, denn das Neue kommt unbemerkt, man kann es verschlafen. Es kommt – wie es auch in den Evangelien heißt – »wie ein Dieb in der Nacht«. Das hat noch die weitere Nuance, dass das Neue, das kommt, um uns etwas zu *geben,* den Schlafenden auch noch das *nimmt,* was sie haben an Gewohnheit, Sicherheit, Routine. Drittens bestärkt Paulus die Gemeinde darin, dass in ihnen allen schon der Keim der nahenden Zukunft, der erste Morgenstrahl des Tagesanbruchs Christi lebt, dass in ihren Herzen trotz der Verfinsterung ihrer Zeit schon das Licht des Christustages zu leuchten beginnt. »Ihr aber, liebe Brüder, sollt nicht in der Finsternis verharren, damit euch der Anbruch des Tages nicht wie ein Dieb überfällt. Denn ihr alle seid Söhne des Lichtes und des Tages.« (1 Thess 5,4f.)

Wir *sind* in der Finsternis, das ist das Schicksal unserer Zeit, aber wir sollen nicht in ihr *verharren,* wir sind aufgerufen, in der Finsternis das Licht zu suchen, zu entzünden, und mit diesem Licht der Finsternis entgegenzutreten – jeder zunächst in sich! Denn in mir selbst spielt sich das Weltendrama, der Kampf zwischen Licht und Finsternis ab. Ohne das Böse, ohne die Auseinandersetzung mit dem Bösen, ohne die Überwindung des Bösen *in uns* gibt es kein wahrhaft zukunftsfähiges Gutes! Aber wir können das Gute bemerken, ergreifen und ihm Raum geben: »Ihr alle seid Söhne des Lichtes und Söhne des Tages.«(1 Thess 5,5)

Manchmal bringen Legenden und Geschichten etwas in bildhafter Weise zum Verständnis, bringen Licht in eine Frage, an der der Verstand verzweifelt. Wie nämlich können wir konkret »Söhne – und Töchter – des Lichtes« werden? Dazu eine Legende: Eine alte Ureinwohnerin Nordamerikas saß mit ihrer Enkelin am Lagerfeuer. Es war schon dunkel geworden. Nach einer Weile des Schweigens sagte die Alte: »Weißt du, wie ich manchmal fühle? Es ist, als ob zwei Wölfe in meinem Herzen kämpften. Der eine ist rachsüchtig, aggressiv und grausam, der andere liebevoll, sanft und mitfühlend.« – »Welcher der beiden wird den Kampf um dein Herz gewinnen?«, fragte die Enkelin. »Der, den ich füttere«, antwortete die Alte.[97]

Apokalypse

wenn engel stürzen
wenn sterne still sind
wenn himmel schweigen
wenn erde nicht spricht

wenn welten welken
wenn sonnen schwarz sind
wenn herzen zittern
wenn kopf zerbricht

dann glauben götter
an den menschen

tom tritschel, 1998
(unveröffentlicht)

Abschluss: Was Engel von uns erwarten Oder: Was wir den Engeln geben können

Was hat sich uns im Verlauf unserer Darstellung ergeben? Der Satz des Paulus: »Wisst ihr nicht, dass sich an uns das Schicksal von Engeln entscheiden wird?« (1 Ko 6,3) kann uns aufwecken und aufrütteln. Eine neue, herausfordernde Vorstellung ist es, an eine Geschichte, ein Schicksal der Engel zu denken. Eine Geschichte der Engel: bedingt einmal durch den Fall gewisser Engel, zum anderen dadurch, dass der Gottessohn die Sphären der Hierarchien auf seinem Weg zur Erde durchschritten und schließlich doch hinter sich zurückgelassen hat. Denn Christi Erscheinen auf Erden ist zugleich sein Weggang aus den Reichen der Himmel, der Hierarchien. Für diese ein bedeutender Einschnitt.

Eine neue Zeit hat begonnen – auch für die Wesen der Himmelreiche. Bildlich gesprochen: Die Erdensphäre ist nun wie ein Himmel für die Engelreiche geworden, denn innerhalb der Erdensphäre sollen die von Christus erfüllten Menschenherzen erglänzen wie leuchtende Sterne. »Ihr sollt leuchten unter den Menschen wie die Sterne am Himmel.« Damit ist unser bisheriges Engelbild nicht hinfällig geworden, aber es modifiziert sich: Die Engel werden auch in Zukunft leitende, schützende Wesen für uns sein. Neu aber wird sein, dass Menschen und Engel allmählich gegenseitig Gebende und Empfangende werden. Denn in Zukunft wird es mehr und mehr darauf ankommen, dass der Mensch die in ihm veranlagten neuen göttlichen Kräfte zur Entwicklung bringt, um auch seinerseits den Engeln zu dienen. Dass der Mensch in diesem Sinn Helfer und Diener der Engel werden soll und kann, verdankt er nicht sich selbst, sondern den Christuskräften in sich. Nur insoweit er den Christus in sich entdeckt und zur Wirksamkeit bringt, kann er Positives für die Engel bewirken, die durch uns Anteil nehmen wollen an dem Mysterium des Todes und der Todüberwindung durch Christi Erdentat.

Die »Ihr-seid«-Worte, die Paulus an die urchristlichen Gemeinden richtet, sind Leitsterne künftiger menschlicher Entwicklung. Indem wir uns mit Christus verbinden und durchdringen, uns bis in unsere Leiblichkeit als gottgeschaffen erleben, in unserem Innern dem Christus wie in einem unsichtbaren Tempel Wohnung geben, helfen wir ihm, auf Erden wirken zu können. Seine todüberwindende Kraft ist unserem Herzen wie die frohe Botschaft eines Briefes eingeschrieben, ja nicht nur uns, auch dem Herzen der Erde selber. Durch die Seelenstimmung staunender Ehrfurcht vor allem Dasein, durch Taten der Liebe und des Mitleids und durch das Streben, unser Leben in Verantwortung vor der göttlichen Stimme des Gewissens zu führen, bilden wir mit an seinem übersinnlichen Leib, bilden wir Gemeinde.

Es ist an der Zeit, dass wir solche Gedanken bewusst ergreifen und ernst nehmen. Die Worte des Christus und – daran anschließend – des Paulus sind in eine weite Zukunft gesprochen. Sie weisen uns konkret den Weg der Christwerdung. Sie machen uns zugleich Mut, denn sie sprechen eine – wenn auch anfängliche – Wirklichkeit aus, die uns aus Gnade geschenkt wurde, um sie weiter zu entwickeln.

Hier noch einmal im Überblick:

Ihr seid das Salz der Erde
Ihr seid das Licht der Welt
Ihr seid Götter
Ihr seid Gottes Acker
Ihr seid Gottes Bauwerk
Wisst ihr nicht, dass ihr ein Tempel seid,
in dem der Geist Gottes wohnt?
Ihr seid Christi Leib
Ihr seid ein Brief des Christus
Ihr alle seid Söhne Gottes
Ihr alle seid geeint in Christus Jesus
Ihr seid Leuchten unter den Menschen wie die lichten Sterne des Weltalls
Ihr alle seid Söhne des Lichtes und Söhne des Tages

In diesen Worten drückt sich der Hoffnungsblick der Götter auf uns Menschen aus. Fühlen wir unsere Freude und unsere Verantwortung vor diesem Blick? Nicht nur das Schicksal der Erde und der Menschheit, sondern auch das Schicksal der Engel ist der Verantwortung des Menschen und seiner Christusbeziehung ans Herz gelegt:

Wisst ihr nicht, dass sich an uns
das Schicksal von Engeln entscheiden wird?

Werden dem Blick der Engel Taten der Menschen antworten?

Anhang

Weiterführende Gesichtspunkte

1. Zur neueren Paulusforschung

Die Briefe des Paulus und die Apostelgeschichte des Lukas geben uns detaillierten Einblick in das Damaskus-Erlebnis des Paulus und dessen innere Auswirkungen auf seine Tätigkeit für die Ausbreitung des Christentums im gesamten Mittelmeerraum. Paulus ist möglicherweise diejenige Gestalt, über die wir dank seiner Briefe und der Schilderungen des Lukas von allen Menschen der Antike am meisten wissen! Dennoch ist diese Persönlichkeit auch heute noch neu zu entdecken. Inwiefern?[98]

Von Beginn an hatte Paulus entschiedene Gegner, sodass sogar gefragt wurde: »Was wäre Paulus ohne seine Gegner?« (Eugen Biser). Die Auseinandersetzung mit seinen Gegnern hat seine tiefsten Möglichkeiten erweckt und »provoziert«, d. h. hervorgerufen. Unsere Zeit kann neu von Paulus lernen, gerade durch ihn neue Blicke auf scheinbar Bekanntes werfen und so Neues entdecken.

In Bezug auf die universitäre Paulusforschung ist dem amerikanischen Theologen Ed Parish Sanders (1937–2022) eine solche, ganz neue Perspektive auf Paulus gelungen. Sanders hat die Unterscheidung zwischen *exoterischen* (»forensischen«) und *esoterisch-mystischen* Briefen des Paulus in die offizielle Theologie eingeführt.[99] Eugen Biser (1918–2014), einer der bedeutendsten neueren Theologen, hat die revolutionäre Bedeutung dieser Unterscheidung für die Erweiterung unseres Paulusbildes erkannt. »Die Paulusforschung steht vor einer fast übergroßen Aufgabe, nachdem sie von E. P. Sanders gelernt hat, bei Paulus eine exoterische, für seine Missionspredigt bestimmte Außenseite von seiner esoterisch-mystischen Innensicht zu unterscheiden.«[100] Die folgenden Ausführungen möchten einen Beitrag zu dieser von Eugen Biser erhofften zukünftigen Paulusforschung geben.

Zeitgleich mit Sanders hat Andrew Welburn sein fundamentales Werk *The Beginnings of Christianity* (Edinburgh 1991) veröffentlicht (*Am Ursprung des Christentums*, Stuttgart 1992). Im Bezug auf Paulus unterscheidet auch er zwischen einem exoterischen und einem esoterischen Paulus. Dabei hebt Welburn besonders die Bedeutung des »Epheserbriefes« hervor. Denn in den ältesten Handschriften fehlt die Anrede »An die Epheser«! Welburn entwickelt überzeugend, dass es sich hier in Wahrheit nicht um einen Gemeindebrief, sondern um eine »postbaptismale mystagogische Katechese« handele: Nach gründlicher Vorbereitung wurden die Taufwilligen am Osersonntg feierlich getauft. Dabei bekamen sie weiße Gewänder. So heißt es im Rückblick auf die Taufe: »Ihr habt von ihm (Christus) vernommen und seid in seinem Geist unterwiesen worden ... Erneuert euch, indem ihr den Geist in euer Denken aufnehmt und zieht den neuen Menschen an, der nach dem Bild Gottes geschaffen ist.« (Eph 4,20-24) Das Anlegen der weißen Gewänder war ein bildhaft-realer Vorgang, der verinnerlicht werden musste. Die Neugetauften behielten die weißen Gewänder bis zum nächsten Sonntag, der deshalb bis heute den Namen »Weißer Sonntag« trägt! In den sieben Tagen von Ostern bis zum Weißen Sonntag wurden sie in die esoterischen Geheimnisse des Christentums eingeführt, wie Welburn eindrucksvoll schildert.[101]

Folgt man Sanders und Welburn, so erhebt sich die Frage: Wo ist der Ursprung, wo ist die Quelle für Paulus' esoterisch-mystische Innensicht? Aus welchen inneren Erfahrungen spricht er? Wie ist er zu diesen Erfahrungen gekommen? Um das verstehen und nachvollziehen zu können, kann das »Damaskus-Erlebnis« des Paulus (Apg 9) neu angeschaut werden. Denn dieses Erlebnis ist mehr als eine Vision, es ist auch mehr als eine Bekehrung zum richtigen Glauben. *Es ist Paulus' Einweihung.* Das soll im Folgenden dargestellt werden.

2. Das Damaskus-Erlebnis des Paulus – Eine moderne Einweihung

Erinnern wir uns: Dieser Mensch trug von Geburt an zwei Namen, er war ein »Doppelwesen«, hatte von Grund auf verschiedene Möglichkeiten, Potenzen in sich. Als jüdischer Knabe wurde ihm von seinen Eltern in Tarsus der hoffnungsvolle Name Saul(us) gegeben, d. h. »Der von Gott Erbetene«. Zugleich schwingt darin mit die Erinnerung an den ersten König Israels, Saul, dem David und Salomo folgten.

Über der glanzvollen Zeit dieser drei ersten Könige Israels im 10. Jahrhundert vor Christi Geburt lag zugleich ein Schatten. Denn Gott, der Herr Israels, hatte dem Wunsch des Volkes Israel, wie die Nachbarvölker auch einen (irdischen) König zu bekommen, nur höchst widerwillig zugestimmt: In ihrem Gott hätten sie doch ihren König!

Etwa 1000 Jahre nach dem König Saul wird Saulus eine führende Gestalt in Jerusalem. Trotz der Erziehung und Förderung durch den für seine Milde weithin bekannten Rabbi Hillel wurde Saulus ein fanatischer Führer der Pharisäer. Die Pharisäer (»Abgesonderte«) waren damals die stärkste religiöse Partei in Israel. Sie hatten den Anspruch – im Unterschied zum gewöhnlichen Volk –, das Gesetz (»Thora«) und die Überlieferungen der Väter streng zu beachten. Ihr leidenschaftlicher Eifer sollte von Menschenseite das Kommen des Messias sichern: »Würde Israel nur zweimal den Sabbat, wie es vorgeschrieben ist, halten, dann würde die Erlösung anbrechen.« Dazu gehörte auch die Erwartung, dass der erhoffte Messias wie ein irdischer König auftreten und Israel, das »Gottesvolk«, von der schändlichen Fremdherrschaft der Römer befreien werde.

Vermutlich ist Saulus Jesus von Nazareth nicht von Angesicht zu Angesicht begegnet, aber alles, was er über ihn gehört hat, widersprach dem Messiasbild, das er in sich trug: Ein Mensch aus dem Völkergemisch von Galiläa, der ohnmächtig, verlassen sogar von seinen wenigen Anhängern, den schimpflichen Tod am Kreuz erlitten hat – wie konnte der der ersehnte Messias sein?!

Als noch im Golgathajahr Stephanus, einer der in der Jerusalemer Christengemeinde gewählten Diakone, angeklagt wurde, da »schauten ihn alle an, die im Synedrium (Hoher Rat) saßen, und sie sahen sein Antlitz, leuchtend wie das eines Engels« (Apg 6,15). Nach seiner großartigen Rede, in der Stephanus die gesamte Geschichte Israels aufrollt bis hin zur Ablehnung und Kreuzigung Jesu Christi, steinigen sie ihn, den ersten christlichen Märtyrer. Und Saulus? »Saulus aber hatte Gefallen an allem, was geschah, als sie ihn töteten.« (Apg 8,1)[102] Das letzte Wort aus dem Munde des sterbenden Stephanus war: »Herr, rechne ihnen diese Schuld nicht an.« (Apg 7,60)

Hat Stephanus damit am Ende seines Lebens den Anfangskeim gelegt für das weitere Schicksal zwischen ihm und Saulus? Wurde er später der Genius des Apostels Paulus?

Zwei Jahre später zieht Saulus von Jerusalem nach Damaskus, um die dortigen Christen zu verfolgen. Der weitere äußere Ablauf ist bekannt. Vor Damaskus stürzt Saulus, geblendet von ungeheurem Licht, zu Boden und fragt: »Wer bist du, Herr?« (Apg 9,5) und erhält als Antwort: »Ich bin Jesus, den du verfolgst.« (ebd.) Weiter bekommt er den Auftrag, in die Stadt Damaskus zu gehen, dort werde er Weiteres erfahren. So weit die äußeren Ereignisse. Aber was ist *in* Saulus geschehen? Und was hat diese Begegnung in ihm *ausgelöst?*

Saulus wurde ein anderer. Damaskus wurde für ihn Umsturz des Alten und Quelle des Neuen. Der mächtige, vom Tempel in Jerusalem zur Christenverfolgung autorisierte Saulus starb, verging in tiefe Ohnmacht – und Paulus wurde geboren (Griechisch: »der Geringe«, »der Kleine«). Im Sterben des Saulus wird Raum für den Paulus-Samen in ihm, der ganz »von unten« ein neues Leben beginnt. Noch einmal 33 Jahre werden ihm geschenkt, bis er ca. 68 n. Chr. in Rom den Märtyrertod stirbt.

Ein optisches, ein akustisches und ein haptisches geistiges Erleben schmelzen Saulus zu Paulus um. Er *schaut* ein Licht, »heller als die Sonne«. (Apg 22,7; 26,13) Er *hört* den, der zu ihm spricht: »Saul, Saul, warum verfolgst du mich?« (Apg 9,4) Er spürt die *Berührung* durch die göttliche Welt, als der priesterliche Gemeindeleiter Ananias in Damaskus sein Urteil über Saulus korrigieren kann, ihm durch Handauflegung von der Blindheit befreit und ihn tauft (Apg 9,10–19). Paulus schaut die Christussonne, er hört den Menschensohn und wird geheilt durch den Menschenbruder. Das ist seine Einweihung, seine

Neugeburt, die ihm Kraft gibt zu einem vollständigen Neubeginn.[103]

All dies wird ahnend offenbar in der Plastik von Manfred Welzel »Saulus vor Damaskus«.

3. Der »Fall nach oben« – Zur Paulus-Plastik von Manfred Welzel[104]

Manfred Welzel (1926–2018) hat eine Reihe von Plastiken mit zentralen religiösen Themen geschaffen, wie z. B. »Das Nachtgespräch«, »Lazarus« und eben auch »Paulus«. Bei Welzels Plastiken entsteht *Gleichzeitigkeit.* Sie holen das damalige Ereignis aus seiner fernen Vergangenheit vor fast 2000 Jahren in ein gegenwärtiges Gegenüber. Wir werden Zeugen, Augen-Zeugen des Geschehens. Dazu hilft, dass die Plastik das Geschehen vor Damaskus auf das Wesentliche reduziert, und zwar im Hinblick auf die *Gestalt,* aber auch im Hinblick auf den entscheidenden *Moment* des Geschehens, in dem das Ende zur Wende wird.

Erinnert uns diese Szene nicht an den alten Bileam? Als der Seher Bileam gerufen wurde, um als Magier das Volk Israel zu verfluchen,[105] stellte sich ihm der Engel des Herrn in den Weg. Als Saulus nach Damaskus zog, um die dortigen Christen gefangen zu nehmen, stellte sich ihm der Herr selbst entgegen. Saulus stürzte vom »hohen Ross« seines blinden Fanatismus. Er musste noch einmal erblinden – um sehend zu werden.

Diesen Moment lässt uns Welzels Plastik miterleben: Die Gestalt ist gebeugt, im nächsten Augenblick wird Saulus zu Boden stürzen. Aber in diesem Augenblick, geblendet von einem Licht, »heller als die Sonne« (Apg 26,23), erwacht sein In-

1961/62 Bronze, Höhe 45 cm; Pauluskapelle der Christengemeinschaft in Stuttgart-Riedenberg

nerstes, am Hindernis findet er zu sich. Mit der rechten Hand sucht er Schutz vor dem überhellen Licht, was aber macht die linke Hand? Ihre Geste spricht eine ganz andere Sprache als die rechte. Sie ist offen, tastend, fragend, die Geste wird verstärkt durch die schmalen, langen Finger. Das Fragen wandelt sich. Die vom Licht getroffene offene Hand erspürt das Licht, wird wie zu einem großen geistigen Auge über dem Haupt. Saulus dämmert, wer ihm im Licht begegnet: Dämmerung im Mittagslicht, Geisteslicht im »Lichtsturz des Mittags« (Gottfried Benn). Saulus wird entrückt, in Ohnmacht gestürzt, aber in der Vernichtung wird es hell um ihn.

Rudolf Steiner bezeichnet Paulus einmal – im positiven Sinne – als »Anarchisten«. Er bezieht sich dabei auf eine Passage im Römerbrief. Dort heißt es: »Die Sünde nahm durch das

Verbot Veranlassung, allerlei Gelüste in mir zu erregen, denn ohne das Gesetz ist die Sünde tot.« (Rö 7,9) Wenn in einer fernen Zukunft alles im Menschen, was instinktives Leben ist, »durchdrungen wird von der Kraft des Christus«, dann brauche man kein Gesetz mehr. Das habe Paulus gemeint, dass das Gesetz überwunden werde durch den Leib Christi.

»... bergen wir den Christus in uns, dann dürfen wir das Gesetz entbehren.«[106]

Ein echtes Kunstwerk ist größer als der, der es geschaffen hat. Auch Welzels Plastik löst sich von seinem Schöpfer, wird selbstständiger Partner für den Betrachter. Dialog entsteht. Echte Kunst eröffnet einen Geschehensraum, kann Ereignis ermöglichen. Wer sich auf Welzels Plastik einlassen kann, findet sich selber »vor Damaskus« wie Paulus.

4. Die Frucht der Einweihung: Wandeln mit Christus

Welche Frucht erwächst Paulus aus seiner Einweihung? Schmerzlich musste er, der immer dem kommenden Messias dienen wollte, sich seinen Lebensirrtum eingestehen. Jetzt erkannte er, dass Jesus von Nazareth das menschliche Gefäß für den Messias gewesen war. Seine Einweihung führte Paulus von Christus zu Jesus. Vor Damaskus trafen ihn Blick, Stimme und Ich Jesu Christi und stürzten sein Leben um. Durch innere Ohnmacht wurde er zur Auferstehung als Paulus geführt, wurde er der große Verkünder. Der Donner von Damaskus hallt in seinen Briefen nach. Das »Ich bin mit Christus gekreuzigt. So bin nicht ich es, der da lebt, sondern Christus lebt in mir«

(Gal 2,20) ist die weltgeschichtliche Frucht seiner Einweihung. Er opfert sein ganzes weiteres Leben Christus hin – und wird dadurch erst ganz er selbst. Können wir konkreter fassen, inwiefern diese Einweihung – obwohl vor 2000 Jahren geschehen – eine *moderne*, zukunftsweisende Einweihung ist?

Paulus' Einweihung geschieht nicht in der Abgeschiedenheit unzugänglicher Mysterienstätten, sondern im Leben, im öffentlichen Raum. Sie geschieht auch nicht nach langer, geführter Vorbereitung zur Mitternacht (»Schauen der Sonne um Mitternacht«), sondern im »Lichtsturz des Mittags« (Gottfried Benn), am hellen Tage. Paulus schaut das *Christuslicht* im *Tageslicht*. Drittens wird das Einweihungsgeschehen nicht von Mysterienpriestern geleitet und behütet, sondern geschieht in radikaler Schicksalseinsamkeit, nicht in einem dreitägigen Einweihungsschlaf, sondern bei vollem, fragefähigem Wachbewusstsein.

War bei der alten Einweihung die Vorbereitung entscheidend, so scheint jetzt die Aufmerksamkeit auf den Raum für *Nachklang* und *Nachbereitung* genauso wichtig zu werden: Nach dem Einweihungsgeschehen ist Paulus wie blind und muss an der Hand nach Damaskus geführt werden. »*Drei Tage lang* war er blind und nahm weder Speise noch Trank zu sich.« (Apg 9,9) Bald darauf zieht er sich nach Arabien in die Wüste zurück (Gal 1,15-18), um Raum zu schaffen für Nachklang, für Keimbildung aus dem Samen der Erfahrung vor Damaskus. Aus dem Christenverfolger wird der unermüdliche Christusverkünder, Theologe und Gemeindegründer. Aber seine unermüdliche Tätigkeit ist zugleich ein lebenslanger Leidensweg.

5. Der »Stachel im Leibe« – Gottesleugnerkrankheit

Vor den Toren von Damaskus hat Christus den Saulus-Paulus berührt – und verwundet. Paulus selber spricht von einem fortdauernden »Stachel« in seinem physischen Leibe. Viel ist über die Bedeutung dieses »Stachels« gerätselt worden. Paulus selbst fragt aber nicht nach der *Ursache,* sondern nach dem *Sinn* dieses »Stachels« für sein weiteres Leben. Zu den Korinthern spricht er von der »Fülle von Offenbarungen« (2 Kor 12,6), die ihm zuteil geworden seien. Dann aber fährt er fort:

»Damit ich mich darin nicht überhebe, ist mir in meinem physischen Leibe ein Stachel gegeben. Ein Engel der satanischen Macht ist da wirksam, dessen Schläge mich treffen, damit ich mich nicht zu hoch versteige.« (2 Ko 12,7)

Offen bekennt Paulus, dass er diesen Stachel loswerden wollte, ja dreimal habe er den Herrn gebeten, ihn davon zu befreien – aber ohne Erfolg. Stattdessen habe er zur Antwort bekommen, er solle sich mit der Gnade, die er erfahre, begnügen. Paulus wird ein Gesetz klar, das ein entscheidendes Element der modernen Einweihung ist. *Die Schwäche bleibt, muss bleiben!* Sie muss bleiben – so Paulus –, »damit die Kraft des Christus bei mir wohnen kann« (2 Ko 12,9). Welch rätselhafter Zusammenhang! Das Fühlen der Schwäche, des Unvermögens, der eigenen Armut, des Versagens wird zur Bedingung des Empfanges höherer Kraft: »Fühle ich nur meine Schwäche: sogleich erfüllt mich eine große Kraft.« (2 Ko 12,10) Das »Nicht ich, sondern Christus in mir« ist ein ständiger Prozess. Der Stachel, die Wunde muss offen bleiben. Der Schmerz ist Hilfe. Wir brauchen die Ohnmacht, weil sie uns öffnet.[107]

Das innere Auge, das sich Paulus für Christus aufschließt, öffnet ihm auch den Blick auf die Zeitlage, die innere Situation der Menschheit, auf ihre vollständige Gottverlassenheit, ihre Gottesferne. Diese Gottverlassenheit, den »Stachel der Gottesleugnerkrankheit« (Rudolf Steiner) beschreibt Paulus ausführlich in seinem Brief an die Gemeinde in Rom, wohl im Frühjahr des Jahres 56 n. Chr. in Korinth geschrieben. Erinnern wir uns: In Rom lebten, angezogen von den wirtschaftlichen Möglichkeiten der Millionenstadt, etwa 50.000 Juden zu Lebzeiten des Paulus. Seit den 40er-Jahren des 1. Jahrhunderts n. Chr. hat offenbar auch das Christentum in Rom Fuß gefasst. Die dortige Gemeinde umfasste Judenchristen und Heidenchristen. Im Jahr 54 n. Chr. war Nero mit 17 Jahren Kaiser geworden. Er war ungewöhnlich begabt, versuchte sich in verschiedenen Künsten und trat sogar im Zirkus als Sänger auf! Mit etwa 22 Jahren entwickelte sich Nero aber mehr und mehr zum eitlen, unberechenbaren und wegen seiner Grausamkeit berüchtigten Despoten. Den Verdacht, im Jahr 64 Rom selbst in Brand gesteckt zu haben, lenkte er auf die Christen, die von ihm schändlich verfolgt wurden.

Zwischen Judenchristen und Heidenchristen war offenbar in der Gemeinde in Rom eine Rivalität entstanden. Hatten die Juden, das »Volk Gottes«, den Heiden nicht etwas voraus? Paulus verneint dies im Römerbrief: Wir alle als Menschen stehen unter dem Bann der Gewalt, der Herrschaft der Gottesferne. Paulus beruft sich auf verschiedene Stellen des Alten Testamentes und verbindet sie zu einer schonungslosen Diagnose der Gottverlorenheit der Menschheit, für die die Gestalt des Nero nur etwas wie die Spitze eines Eisbergs darstellt. Es klingt wie ein Klagelied der Engel vor Gottes Thron:

»Es gibt keinen, der gerecht ist, nicht einen;
es gibt auch keinen, der wirkliche Einsicht besitzt,
keinen, der wirklich Gott sucht;
alle sind sie abgewichen und entsprechen ihrer Bestimmung nicht mehr;
keinen gibt es, der aus wahrer Güte handelt,
nicht einen, ihr Schlund ist ein offenes Grab,
mit ihren Zungen dienen sie der Falschheit,
Schlangengift haben sie unter ihren Lippen,
ihr Mund ist voll Fluch und Bitterkeit,
ihre Füße eilen zum Blutvergießen,
Zerstörung und Unseligkeit waltet auf ihren Wegen,
den Weg des Friedens kennen sie nicht,
keine Gottesfurcht lebt im Blick ihrer Augen.« (Rö 3,10-18)

Gibt es da überhaupt noch einen Weg?

6. Der Weg in den innersten Kern

Nimmt man diesen Text ernst, so ernst wie Paulus ihn meint (»Das Schriftwort hat recht.« Rö 3,10), kann man nur erschrecken. Selbst wenn wir die einzelnen Aussagen modifizieren zu *Neigungen zum Bösen in uns,* bringen sie uns zum Schweigen, zum Innehalten. Aber diese Selbstbesinnung, dieser »In-Weg« ins eigene Herz kann in uns die nötige Leere schaffen, das Nichts. Kann ich dieses Nichts aushalten, offenhalten?

Auf seine ganz eigene Weise schildert Franz Kafka den Weg zu dem innersten Kern, der immer neues Terrain eröffnet: »Vor dem Betreten des Allerheiligsten musst Du die Schuhe ausziehen, aber nicht nur die Schuhe, sondern alles, Reisekleid und

Gepäck, und darunter die Nacktheit und alles, was sich unter diesem verbirgt, und dann den Kern und den Kern des Kernes, dann das Übrige und dann den Rest und dann noch den Schein des unvergänglichen Feuers. Erst das Feuer selbst wird vom Allerheiligsten aufgesogen und lässt sich von ihm aufsaugen, keines von beiden kann dem widerstehen.«[108]

Nur solche Wege radikaler, an die Wurzel gehender Selbsterkenntnis führen zur Erkenntnis: *Christus ist die neue Potenz,* das neue Leben, das neue Feuer in jedem Menschen. Da erst kann das »Christus in mir«, »Christus in uns« seine Wirksamkeit entfalten. Paulus spricht selber in diesem Zusammenhang von einem *Mysterium,* »... das Mysterium, das seit Äonen und Geschlechtern verborgen geblieben ist – jetzt ist es seinen Heiligen geoffenbart. Jetzt ist es der Wille Gottes, dass diese erkennen, welch unermessliche Fülle von offenbarendem Licht für alle Völker in diesem Mysterium ruht: Das ist der ›Christus in euch‹, das Hoffnungsunterpfand aller künftigen Offenbarung.« (Kol 1,26 f.)

Die radikale Selbsterkenntnis (»Es gibt keinen der gerecht ist ...«, Rö 3,10-18) allein bereitet den Boden, auf dem der Same der absolut neuen Potenz des »Christus in uns« keimen kann. Die »Ihr-seid«-Worte im Johannes-Evangelium und in den Paulusbriefen sind die Früchte dieser Keime. Der Anfang liegt in dem »Christus in uns«.

7. Die Umwandlung des Ich zu einem Christus-empfänglichen Organ

Was ist jetzt des Menschen Aufgabe? Wie können wir uns bewusst werden dieser Lebensquelle, dieser Heilkraft, und daran

Anteil gewinnen? Die Gegenwart, unsere Zeit, stellt uns vor die Aufgabe, unser Innerstes, unseren Kern zu einem Organ für Christus zu machen. »Jetzt muss es möglich sein, das Ich zum Christus-empfänglichen Organ zu machen …«[109] Was heißt das? Das Ich ist ein »zweischneidiges Schwert«. Auf der einen Seite muss unser Ich immer selbstständiger und selbstständiger und dadurch freier werden. Aber ist das schon das Ziel? Heute taucht in vielen Menschen die Frage nach dem *Sinn* ihres Lebens, des Lebens überhaupt auf. Die letzte Antwort darauf kann nicht mehr von außen kommen, ich muss die Antwort selbst geben, selbst dem Leben Sinn geben! Das führt zu der Frage: »Was suche ich? Was will ich?« Nicht mehr: »Was will ich haben, erreichen?«, sondern: »Was will ich *sein,* der Welt und den anderen *sein?* Wer *bin ich* überhaupt? Für Paulus heißt das: »Nicht ich, sondern Christus in uns«.

Christine Gruwez hat in ihrem neuesten Buch *Die Wunde* eindrucksvoll ausgeführt, wie wichtig es ist, diese Fragen zunächst offen zu halten, wach und innerlich aktiv zu *bleiben,* der Versuchung schneller Antworten und Lösungen zu widerstehen. Erst indem wir *wach bleiben* in dieser Ausweglosigkeit – unbeirrt, grundlos und doch vertrauensvoll –, erst wenn wir dies genügend lange aushalten, kann die Umkehr kommen. Denn nur dieser schmerzliche, leidvolle Prozess reift uns. In diesem Prozess – wir bemerken es später – kann unser Ich zum »Christus-empfänglichen Organ« werden, können unsere Empfindungen und Gefühle erst reifen, wird unser Ich zum Organ und Gefäß für Christus: »Ihr in mir, Ich in Euch.« (Jo 14,20)

Und dann kann es in uns aufblitzen, dass unser gewöhnliches Ich, mit dem wir uns täglich so oft benennen, nur der Schleier vor dem Allerheiligsten ist, der Schleier vor unserem wahren

Ich: »Das, was als Ich im Menschen lebt, das ist das Christus-Wesen.«[110] Da erst ist die Quelle für das, was aus uns Menschen einmal werden kann, die Quelle für die prophetische Anthropologie des Paulus in den »Ihr seid-«Worten, vorbereitet durch Christus selbst. Die Offenbarung »*Ich bin* das Licht der Welt« wird so zu Verheißung und Auftrag: »*Ihr seid* das Licht der Welt« (Mt 5,14), indem er in uns, in unserem Ich lebt und leuchtet.

In der Berührung und Durchdringung von Empfänglichkeit und Gnade wird das Christus-Ich in uns geboren. Alle Bemühung unsererseits ist notwendig, kann das Ereignis aber nicht erzwingen, bleibt angewiesen auf göttliches Entgegenkommen, auf Gnade. Paulus, der unermüdliche Christus-Künder, war sich dessen voll bewusst: »Ich habe mich mehr abgemüht als alle andern, doch war ich es ja nicht, sondern die Gnade Gottes in mir.« (1 Ko 15,10) Die göttliche Gnade wandelt sich in Paulus zur *Kraft, Gutes zu tun.* Er hat anfänglich Anteil am »Lebensgeist« (Buddhi), der als Gnade das Ich des Menschen in seiner individuellen Eigenheit mit dem Christus-Äther vollständig durchdringen und durchwärmen kann.[111]

8. Die »Ich-bin«- und die »Ihr-seid«-Worte

Die »Ihr seid«-Worte, denen wir uns im Folgenden zuwenden werden schließen an das Johannes-Evangelium an und gehören zu den unentdeckten Schätzen in der Verkündigung des Paulus. Diese Werde-Worte über die durch »Christus in uns« ermöglichte Zukunft der Menschen stellen eine *prophetische Anthropologie* dar und bilden ein Pendant zu den »Ich bin«-Worten des Christus im Johannes-Evangelium.

Es sei kurz erinnert: Die sieben »Ich bin«-Worte des Christus, die Johannes überliefert hat,[112] bilden eine grandiose Architektur: Am Anfang und am Ende stehen die Ich-Wirksamkeit Christi im Zusammenhang mit den heiligen Substanzen des Abendmahls: »Ich bin das Brot des Lebens« (Jo 6,35) und »Ich bin der wahre Weinstock« (Jo 15,1). In der Mitte der Siebenheit ragt hervor das Wort von Christi Sendung: »Ich bin der gute Hirte … Ich gebe mein Leben hin für die Meinen.« (Jo 10,14 f.) Dazwischen, überleitend vom »Brot« zum »Hirten«, den Raum für das Erkennen des »Hirten« eröffnend, die Worte: »Ich bin das Licht der Welt« (Jo 8,12) und »Ich bin die Tür« (Jo 10,9). Das »Hirten-Wort« in der Mitte findet seine Fortsetzung in den Oster-Worten, die von der Kraft der Todüberwindung im Christus-Ich Zeugnis ablegen: »Ich bin die Auferstehung und das Leben« (Jo 11,25) und »Ich bin der Weg, die Wahrheit und das Leben« (Jo 14,6). Die sieben »Ich bin«-Worte münden in den neuen Wein der Freude: »Ich bin der wahre Weinstock« (Jo 15,1).

Noch einmal im Überblick:
»Ich bin das Brot des Lebens.«
»Ich bin das Licht der Welt.«
»Ich bin die Tür.«
»Ich bin der gute Hirte. Ich gebe mein Leben hin für die Meinen.«
»Ich bin die Auferstehung und das Leben.«
»Ich bin der Weg, die Wahrheit und das Leben.«
»Ich bin der wahre Weinstock.«

Die Ich-Kräfte des Christus nähren, leuchten, öffnen, hüten, erwecken, führen und befeuern. Sie durchchristen unser menschliches Ich.

9. Das Damaskus-Ereignis: Beginn der Wiederkunft Christi

Die äußere Ausbreitung des Christentums wurde durch das übersinnliche Geschehen vor Damaskus impulsiert. Paulus war keiner der zwölf Apostel, die Christus auf Erden erwählte. Er wurde der erste *Apostel des Auferstandenen,* unmittelbar berufen durch das Ereignis vor Damaskus. Die äußere Ausbreitung des Christentums verdankt sich einem übersinnlichen Ereignis! Die Paulusbriefe, wesentlich früher entstanden als die aufgeschriebenen Evangelien, sind die Ur-Urkunden des Christentums.

Das Paulus-Erlebnis vor Damaskus eröffnete für viele Menschen einen neuen, eigenen Weg zur Christus-Erfahrung, nicht notwendig gebunden an die Überlieferung. Bis zum 10., 12. Jahrhundert erlebte eine große Zahl von Menschen in sich selber »etwas, was eine Paulus-Erfahrung im Kleinen war«.[113] Heute wird es möglich, allmählich an solche eigenständigen, individuellen Erfahrungen wieder anzuknüpfen. Christus ist zwar seit der Tat von Golgatha immer unter den Menschen anwesend geblieben: »Ich bin bei euch alle Tage bis ans Ende der Erdenzeit« (Mt 28,20), aber *wir* müssen erst das Organ dafür neu entwickeln, innerlich uns zu Ihm erheben, in unserem Bewusstsein empfänglich werden. Dabei kann es eine entscheidende Hilfe werden, das Ereignis von Damaskus so intensiv wie möglich nachzuempfinden, nachzuleben. Denn das Paulus-Erlebnis ist eine Art *Prototyp* des Erlebens der Wiederkunft Christi. Deshalb nennt Paulus sich selber eine »Frühgeburt« (1 Ko 15,8). Was er erlebt hat, ist wegweisend für die Zukunft des Christentums. Er hat hellsichtig erkannt, dass Christus durch Tod, Auferstehung und Himmelfahrt sich geistig mit der Erde und ihrem Umkreis auf immer in Treue verbunden und vereint hat. Ihm ist gegeben alle Gewalt »im Himmel und auf Erden« (Mt 28,18). Davon wird sich in Zukunft – so Steiner – jeder selbst überzeugen können, »der seine Seele dazu bringen kann, das Ereignis von Damaskus nachzuleben. Im 20. Jahrhundert werden die ersten Menschen auftreten, welche das Christus-Ereignis des Paulus in geistiger Weise erleben werden.«[114] Was aber bedeutet das für unsere menschlichen Biografien?

10. Angewiesen und abgewiesen – Der scheiternde Apostel

Das Ereignis vor Damaskus hat auf Paulus eine ihn vollständig verwandelnde Wirkung. Das betrifft sein Inneres, seine Seele, seine geistige Haltung, das betrifft damit zugleich die Beziehung zu seinem Umkreis, zu seinen Mitmenschen. Der stolze, eigenmächtige, im Auftrag der »Wahrheit« Christen verfolgende Fanatiker wird umgeschmolzen zu einem ohnmächtigen, die Wahrheit suchenden Diener.

Vor Damaskus ist er *angewiesen* auf seine Mitmenschen, angewiesen, dass sie ihn stützen, führen, den Weg weisen, angewiesen auf den Ältesten der Gemeinde, den weisen Ananias. Diesem gegenüber ist Paulus angewiesen darauf, dass Ananias sein Christus-Erlebnis ernst nimmt, dass er anerkennen kann, dass sich da ein Mensch radikal gewandelt hat. Ananias empfängt Paulus mit den Worten »Mein Bruder« (Apg 9,17). Der Keim einer neuen Brüderlichkeit entsteht zwischen diesen beiden Menschen! Ananias überwindet seine (bis dahin völlig berechtigten) Urteile über Saulus, von dem er als zu allem entschlossenen Christenverfolger wusste. Aber er vertraute seiner inneren Stimme, seinem inneren Auftrag, dem hilflosen Paulus zu helfen, dessen Christus-Erlebnis ernst zu nehmen, durch Handauflegung und Taufe zu bekräftigen und in ruhige Bahnen zu lenken. Ananias ist bereit, sein Urteil zu korrigieren. Er ist ein eindrucksvolles Beispiel dafür, dass oft nur korrigierte Urteile Aussicht auf Wahrheit haben!

Als Paulus erstmals wieder nach Jerusalem kommt und den Anschluss an den Jüngerkreis sucht, sind sie – anders als Ananias – sehr skeptisch: »Aber sie fürchteten sich alle vor ihm und wollten nicht glauben, dass er nun auch ein Jünger sei.« (Apg 9,26) Umso mehr kann man erstaunen und schätzen, wie offen und herzlich Ananias Paulus begegnet.

Paulus bleibt Einzelgänger, er hat nur wenige Begleiter, wie z. B. Barnabas und Timotheus. Werden immer mehr Menschen seine neue Botschaft annehmen?

Auf seiner ersten großen Reise geht Paulus wie gewohnt in die jüdische Synagoge und macht von dem Recht jedes Juden Gebrauch, nach der Schriftlesung zu den Versammelten zu sprechen. Oft findet er zunächst bei vielen offene Herzen. Lukas schildert einmal urbildlich in vier Schritten, was in den Seelen derer vorgeht, die der neuen Botschaft des Paulus sich öffnen: Zuerst empfinden sie Freude, dann loben und preisen sie das Wort des Herrn wie in einem Responsorium, drittens fassen sie Vertrauen, ihr Herz sagt »Ja« zu dem Gehörten, und zuletzt heißt es: Sie werden hinorientiert, ausgerichtet, gewiesen auf das ewige Leben (*eis zooän aioonion*) (Apg 13,48). Das Christentum breitet sich aus durch die Predigt des Paulus in Freude, Lobpreis, Herzensvertrauen und einem Anhauch von ewigem Leben. So entsteht christliche Gemeinschaft, eine Gemeinschaft, deren Glieder Christus in sich fühlen.

Doch die erste Begeisterung der Menschen hält oft nicht an, wird nicht genährt, ebbt ab, schlägt oftmals in ihr Gegenteil um. Hier ein Beispiel (nach Apg 14,8-21): Auf der ersten großen Reise kommen Paulus und seine Begleiter nach Lystra in Kleinasien. Paulus heilt einen Gelähmten, die Menschen dort geraten darüber außer sich in Ekstase. Sie vergöttern Barnabas als Zeus und Paulus, den Götter-Boten, als Hermes. »Die Götter haben Menschengestalt angenommen und sind zu uns herabgestiegen.« (Apg 14,11) Paulus wehrt sich und versucht, sie auf den *neuen* Gott zu weisen, aber sie bleiben in ihrer Euphorie und Ekstase. Schon bald aber zeigt sich, wie schnell solche Begeisterung umschlagen kann – wie das Hosianna des Palmsonntags in das »Kreuzige ihn« des Karfreitags.

Es leben auch Gegner der neuen Botschaft in Lystra. Sie bringen das Volk auf ihre Seite. Das geht so weit, dass die aufgebrachte Volksmenge Paulus steinigt. Er muss an sich selbst erleben, was er bei der Steinigung des Stephanus mit »Wohlgefallen« (Apg 8,1) als Zuschauer miterlebt hatte. Schließlich hält man Paulus für tot und schleppt den Ohnmächtigen aus der Stadt heraus. Aber nun folgt eine wunderbare tief-christliche Szene. Seine Anhänger bilden einen Kreis um Paulus (*kykloosantoon*). Das erinnert an den Zwölferkreis der Jünger. So spricht Lukas bei dieser Gelegnheit auch von den *Jüngern (mathätai*) des Paulus! Der Kreis der Jünger mit seiner freien, offenen Mitte lädt ein, wird zum empfänglichen Organ für das, was einströmen soll. Das Gebet für Paulus wird erhört, Paulus »stand wieder auf« (*anestä*) (Apg 14,20). Wieder muss Paulus durch ein Todeserlebnis hindurch – wie vor Damaskus –, aber der Menschenkreis, der in Christi Namen zusammensteht, wird zum Hüter der Auferstehungskräfte, die Paulus zufließen.

Paulus lernt, seinen Lebensauftrag davon unabhängig zu

machen, ob und welchen Erfolg er hat. Er tut, was er tut, aus innerer Notwendigkeit, aus der Erfahrung der Liebe dessen, der ihn zu seinem Werkzeug erwählt und bestimmt hat. Er wird dessen inne, wie sehr Christentum eine *Gemeinschaftsangelegenheit* ist: »Ich bin angewiesen auf andere«, »Ich werde immer wieder scheitern«, »Ich tue, was ich tue, nicht um des Erfolges willen, sondern als demütiger Diener« – das sind Grunderfahrungen des Paulus auf seinem Weg als unermüdlicher Apostel. »Auch lege ich meinem Leben keinen großen Wert bei, wenn ich nur meinen Weg und den Dienst vollenden kann, den ich von Jesus dem Herrn empfangen habe und der darin besteht, Zeugnis abzulegen für das Evangelium von der Güte Gottes.« (Apg 20,24)

11. Paulus – Apostel der Sophia (2 Pe 3,15)

Petrus spricht am Ende seines zweiten Briefes vom kommenden Christus, vom Tag des Herrn, der kommen wird wie ein Dieb, von der Erwartung der neuen Himmel und einer neuen Erde. Die Zeit bis dahin sollen die Christen so leben, dass sie vor dem Herrn des Schicksals bestehen können. Für diese Mahnung beruft er sich auch auf Paulus, »unseren geliebten Bruder«. (2 Pe 3,15) Dieser habe seine Briefe, die also damals offenbar schon gesammelt vorlagen, »aus der ihm geschenkten Weisheit heraus« geschrieben. Paulus denke ähnlich wie er. Aber dann folgt doch mit einem gewissen kritischen Unterton die Bemerkung in Bezug auf die Paulusbriefe: »... wenn auch manches darin schwer zu verstehen ist ...« (ebd.) Anerkennung, aber auch eine gewisse Abgrenzung, vielleicht sogar Kritik schwingen da mit. Warum?

Paulus hatte eine Sonderstellung unter den Aposteln. Er war nicht von dem als Erdenmensch inkarnierten Jesus Christus berufen und ausgesandt worden. Wir erinnern uns: Als Judas aus dem Jüngerkreis ausgeschieden war, man aber empfand, dass diese Lücke geschlossen werden muss, damit der Zwölferkreis wieder vollständig wird, suchte man nach einem Kriterium, wer dafür infrage käme. Man einigte sich, dass anstelle von Judas nur jemand infrage käme, der *von Anfang an* dabei war: »So muss also einer von den Männern, die mit uns gegangen sind in den Zeiten, als Jesus der Herr sein Leben mit uns teilte, von der Johannestaufe an bis zu den Tagen seiner Entrückung, mit uns zum Verkündiger seiner Auferstehung werden« (Apg 1,21 f.). Die Wahl fiel auf Matthias, der Jüngerkreis war wieder vollständig – offenbar eine Bedingung für das Pfingstgeschehen, das bald darauf sich ereignete.

Paulus aber war nicht dabei von der Johannestaufe an bis zu Jesu Entrückung; er war nicht dabei, als der Geist und das Pfingst-Feuer hereinbrauste in den betenden Jüngerkreis; er war nicht dabei, als Petrus seine große Pfingstrede hielt (Apg 2,14-36). Paulus war zunächst erbitterter Gegner, dem Irrtum erlegen. Dann aber hatte er in seinem Erlebnis vor Damaskus ein eigenes Erlebnis von Tod und Auferstehung, von pfingstlicher Erleuchtung, von apostolischer Aussendung. Er wurde »reichsunmittelbar« zum Apostel. Die anderen hatten Mühe, das zu erkennen und anzuerkennen. Aber das Leben hat es bestätigt. Paulus hat sich als Apostel erwiesen in Wort und Tat, in Predigt und Gemeinschaftsbildung.

Aus seiner besonderen Lebenseinweihung erwuchs ihm eine besondere innere und äußere Selbstständigkeit. Er suchte den Anschluss an den Jüngerkreis, blieb aber Einzelgänger, Pionier, wurde »Apostel der Heiden«, trug die Christusbotschaft nach

Europa, nach Griechenland und Rom. Konnte er der »Weisheit der Philosophen« in Europa etwas entgegensetzen? War es möglich, das Christentum auch zu *denken?* Oder musste man das Feld des begrifflichen Denkens, der *Erkenntnis* (Gnosis) den Heiden überlassen und sich darauf beschränken, der Erkenntnis den *neuen Glauben an Christus* (Griechisch *pistis*) entgegenzusetzen? Worin besteht die *Weisheit* (*sophia*) des Paulus in Bezug auf Erkenntnis und Glaube? Zwei Beispiele aus den Paulusbriefen führen uns einer Antwort auf diese für alle Zukunft des Christentums entscheidende Frage näher: Das erste Beispiel stammt aus dem Philipperbrief und behandelt den Weg der Menschwerdung Christi, das zweite findet sich im Kolosserbrief und spricht von dem neuen Mysterium des »Christus in euch«. Was wissen wir über diese Gemeinden?

Philippi wurde 358/357 v. Chr. von König Philipp II. von Makedonien, dem Vater Alexander des Großen, gegründet und nach ihm benannt. Paulus kam auf seiner zweiten großen Reise nach Philippi (49/50 n. Chr.) und gründete dort die erste Gemeinde auf europäischem Boden, in der eine Frau namens Lydia eine entscheidende Rolle spielte, musste den Ort aber unter dramatischen Umständen verlassen (Apg 16,11-40).

Paulus blieb aber dieser Gemeinde – wie aus dem Philipper-Brief spürbar – herzlich verbunden, wurde auch von der dortigen Gemeinde finanziell unterstützt. Der Brief ist reich an Themen und Motiven, spiegelt darin auch etwas vom Leben und der Seele des Apostels. Paulus spricht zunächst von seinem Ergehen in seiner Gefangenschaft, vermutlich ca. 55 v. Chr. in Ephesus,[115] spricht dann über das Leiden und Sterben Christi in ihrer Bedeutung für den Christen. Im zweiten Kapitel, Vers 5–11, folgt ein christologischer Hymnus, eine der schönsten und bedeutsamsten Passagen aus dem gesamten Briefwerk des Paulus.[116]

In monumentalen Worten hat Johannes später die Menschwerdung des Gottessohnes, des Logos, beschrieben: »Und das Wort, der Logos wurde Fleisch«, inkarnierte sich, trat als Mensch in die Erdenwelt. Paulus beschreibt diesen Weg der Menschwerdung in *Stufen.* Zweitens schaut er auf die *Gesinnung* des Mensch werdenden Gottes, seine innersten Absichten, seine Motive, aus denen er diesen Weg angetreten und beschritten hat. Drittens verfolgt er den Gottesweg über die Menschwerdung hinaus bis zu *Tod, Auferstehung und Himmelfahrt.* Viertens mündet der Hymnus in die Aufforderung zur *Anbetung* dieses Wesens. Alle Wesen, und zwar die in der Welt über uns, die Engelreiche von den Engeln bis zu den Seraphim, alle Wesen auf Erden, also die Menschen und schließlich die Wesen in den Daseinstiefen (!) werden zur Anbetung aufgefordert, zum *Bekenntnis,* dass Jesus Christus der Herr ist. Dies ist die Urform des christlichen Bekenntnisses.

> »Euch beseele die gleiche Gesinnung, die auch den Christus Jesus selbst beseelt hat. Denn obgleich er göttlicher Natur und Gestalt war, dachte er nicht daran, die Gottgestalt für sich festzuhalten. Vielmehr machte er sich ganz leer, und opferte sich ganz hin und nahm die Gestalt eines dienenden Wesens an. In menschlicher Gestalt verkörperte er sich, und als ein Mensch erwies er sich in seinem ganzen Leben. In demütiger Selbstentäußerung beugte er sich unter das irdische Seinsgesetz. Schließlich nahm er auch den Tod auf sich, den Tod am Kreuz. Darum hat der Vatergott ihn auch zu den höchsten Höhen erhöht und ihm den Namen gegeben, der höher als alle anderen Namen ist. In dem Jesus-Namen sollen sich beugen die Knie aller Wesen, sowohl

> in den Himmeln als auf Erden und in den Daseinstiefen. Und damit der väterliche Urgrund allen Seins offenbar werde, soll von allen Lippen das Bekenntnis ertönen: Jesus Christus, der Herr.« (Phil 2,5-11)

Paulus sieht in dem Weg Christi , aus dem er seine ganze Kraft schöpft, ein einzigartiges Beispiel für das Christwerden des Menschen. Das erste Motiv: Christus hält nicht fest an seiner Gottgleichheit, er ist bereit, sie aufzugeben, sie loszulassen, aus der göttlichen Vollmacht in die Ohnmacht zu gehen, ein *Werdender* zu werden. Diese Gesinnung soll auch uns beseelen. Zweitens führt dies dazu, dass er sich ganz *leer macht.* Er lässt zurück, was ihn an Göttlichkeit, an Weltenkraft und göttlicher Herrlichkeit erfüllt hat. Er tauscht es ein mit dem Nichts, das aber zugleich Bedingung alles Neuen ist. Sein ganzes Wesen, das diesen *kosmischen Verzicht* leistet, opfert sich ganz hin an die vor ihm stehende Aufgabe, der Menschheit zu dienen. So wie die Engel sich ihrem einzelnen Menschen verpflichtet haben, ihn zu führen, zu begleiten, ihm zu dienen, so entschließt sich Christus wie der *Engel der Menschheit* dieser zu dienen, zur Hilfe zu kommen, sie zu erretten und zu erlösen. In seinem ganzen Leben erweist er sich als Mensch, wirkt aus Menschenkräften, bleibt so den meisten Menschen ein unerkanntes Rätsel. Einzig sein *Bewusstsein* bleibt der seidene Faden der Verbindung mit seinem göttlichen Vater: »Ich und der Vater sind eins.« (Jo 14,10 f.) »Er lernte durch seine Leiden den Gehorsam« als Mensch (Hebr 5,8) bis in den Tod am Kreuz, bis in die Tat der Todüberwindung und erdumfassende Weitung seiner Auferstehung in der Himmelfahrt.

Ist das zu fassen? Ist das zu ermessen? Ist das zu erfühlen und zu empfinden? Paulus weist uns den Weg, den unendlichen

Weg des Christwerdens: »Euch beseele die gleiche Gesinnung, die auch den Christus Jesus selbst beseelt hat.«

Damit begründet Paulus eine eigene neue *Weisheit,* eine *Gnosis des Herzens,* die ihm aus der tiefsten, innersten Verbindung mit Christus geschenkt wird, die daraus erblüht. Was ist damit gemeint? Immer wieder warnt Paulus in seinen Briefen vor »Irrlehrern«. Aus seiner scharfen, in der Schulung als Rabbiner erworbenen Urteilskraft weckt er das Unterscheidungsvermögen in den Gemeinden. Möglicherweise begann schon damals diejenige Gnosis sich auszubreiten, die später ihre führenden Vertreter in Valentinus und Basilides hatte.[117] Die hochspirituellen Lehren dieser Gnostiker aber hatten keinen Zugang zum »Tod Gottes« auf Golgatha. Denn sie waren der Überzeugung: »Ein Gott kann nicht sterben.« Zum Golgatha-Geheimnis fanden sie keinen Zugang, sie sprachen deshalb von einem Scheintod bzw. davon, dass statt Jesus in Wahrheit Simon von Kyrene gekreuzigt worden sei. *Dieser Gnosis erteilt Paulus in einem Christushymnus eine entschiedene Absage.* Für Paulus ist Christus als Mensch gestorben und durch den Tod hindurchgegangen in seine Auferstehung und Verklärung. Das ist die Essenz der neuen, paulinischen Gnosis, seiner christlichen Weisheit.

Paulus, als Apostel der Sophia, weiß und beschreibt, dass der Weg des Christwerdens ein unendlicher Lernweg ist: zu lernen *nicht* (z. B. an gewohnten Gedanken) *festzuhalten;* zu lernen, sich immer neu *leer zu machen,* zu öffnen, empfänglich zu werden, sich (einer Aufgabe z. B.) ganz aus Freiheit *hinzugeben,* sein Menschsein und Schicksal zu bejahen und es bis zum Tod *auszuleben.* Wer diesen Weg geht (»Ich sterbe täglich«, Paulus 1 Ko 15,31), darf auf die Gnade der Umkehr hoffen, auf die innere Auferstehung aus Ohnmacht, Verzweiflung und Hoffnungslosigkeit. Christus ist Mensch geworden. Dadurch können wir erst wahre Menschen werden: »Mir mangelt alles, und doch habe ich alles in Fülle.« (Phil 4,17)

Ein zweites Beispiel dafür, dass Paulus »Apostel der Sophia« genannt werden darf, kann uns eine Passage aus dem Brief an die Gemeinde in Kolossae sein, das etwa 200 Kilometer östlich von Ephesus in Kleinasien liegt. Auch in diesem Brief setzt sich Paulus mit anderen Lehren auseinander und warnt vor deren »Philosophie« (Kol 2,8). Diesen Lehren stellt er – möglicherweise auch gerade herausgefordert durch sie – seine Christologie entgegen. Er spricht hier ausdrücklich vom »Mysterium« (Kol 1,26), das mit Wesen und Tat Christi verbunden ist. Dieses Mysterium umfasst Urbeginn und Weltenziel, Schöpfung und Apokalypse. Paulus spricht vom »Heilsplan Gottes« (*oikonomia theu*), der Schöpfung und Zukunft umfasst und den zu verkünden er als seinen Auftrag erlebt. Im Zentrum der ganzen Passage steht das Mysterium des »Christus in euch« (*Christos en hymin*) (Ko 2,27). Ergreift der Mensch diese Christuskraft in sich, nimmt er die umfassende Weisheit auf, kann er ein »Geweihter in Christus« (Kol 2,28) werden, er erfährt durch das »Christus in uns« die Weihe zum Menschen. So lautet diese erhebende und ermutigende Passage über das Mysterium des »Christus in euch« im Ganzen:

> »So entspricht es dem Heilsplan Gottes, in den ich einbezogen worden bin, damit ich das göttliche Weltenwort wesenhaft in eure Mitte trüge, das Mysterium, das seit Äonen und Geschlechtern verborgen geblieben ist – jetzt ist es seinen Heiligen geoffenbart. Jetzt ist es der Wille Gottes, dass diese erkennen, welch unermessliche Fülle von offenbarendem Licht für alle Völker in die-

> sem Mysterium ruht. Das ist der ›Christus in euch‹, das Hoffnungspfand aller künftigen Offenbarung. Er ist es, den wir verkünden; auf ihn lenken wir den Sinn jedes einzelnen Menschen; wir lehren jeden einzelnen Menschen die volle Weisheit, um ihn als Menschen dahin zu führen, wo er im Christuswesen ein Geweihter wird« (Kol 1,25-28).

An diesen Ausführungen des Kolosserbriefes kann deutlich werden, dass Paulus die Brücke schlägt von den alten Mysterien zu dem neuen, allumfassenden Mysterium des »Christus in euch«. Petrus hat ihn zurecht den »Apostel der Sophia« genannt.

In den Paulusbriefen ist keine Systematik der »Ihr-seid«-Worte zu erkennen. Um den inneren Bezug zu diesen Worten zu vertiefen, habe ich einige von ihnen den Planeten bzw. den Wochentagen zugeordnet – wie Wegmarken der Menschheitsentwicklung.

Nachwort

In den bisherigen 2000 Jahren des Christentums wurden die zukunftsweisenden »Ihr-seid«-Worte kaum beachtet. Das christliche Menschenbild sah den Menschen in erster Linie als »armen Sünder«, als gottentfremdeten, heilsbedürftigen »verlorenen Sohn«. Das ist einseitig und vielfach missbraucht worden.

Die andere Seite ist die Perspektive einer dynamischen Entwicklung des Menschen hin zu seiner »Deifikation« (Vergöttlichung) – so Dionysius, der Areopagite, der von Paulus Eingeweihte. Wir stehen vor der Aufgabe, diese zwei extremen Gegensätze zusammen zu denken, weil sie die paradoxe Wirklichkeit des Menschen ausmachen: seine Gottesferne und seine göttliche Potenz (»Ihr seid Götter«, Jo 10,34). Auf dieser spannungsvollen Selbsterkenntnis kann unser weiteres Menschwerden aufbauen, ohne einem reduktionistischen »Menschenbild« zu verfallen oder der Illusion zu erliegen, verfrüht »Gott« in sich zu finden, schon göttlich zu sein. Es gilt, in Geduld und allmählicher Reifung, durch Scheitern und Ohnmacht hindurch dem Ziel wahrer Menschwerdung entgegen zu leben.

Die Ausführungen dieses Buches verstehen sich als »Sternenkarte« für diesen schmerzlichen, aber gesunden Entwicklungsweg des Werdens zum MENSCHEN. Wir sind erst Mensch-*Anwärter.* Der Blick der Götter auf unsere Potenz, auf unser Werden-Können kann uns ermutigen und anspornen, den Weg zwischen Geistverleugnung und illusionärer Verfrühung zu suchen und zu gehen.

Am Anfang steht der Mensch als Geschöpf, als *Bauwerk Gottes* (Samstag). Diesen baufällig gewordenen Bau hat Christus als seinen Leib erkoren, ihn vollständig durchdrungen und ihn wieder zum *Tempel des Geistes* (Sonntag) erhoben. Durch die verwandelnde Arbeit des Menschen soll die Erde zu *Gottes Acker* (Montag) werden mit dem Ziel, sie zum Neuen Jerusalem zu verwandeln – *Salz der Erde* (Dienstag). Die Kraft, sein Erdensein zu beleben und zu verwandeln, kann der Mensch in der *Schule seines Schicksals* erwerben, das seinem Herzen wie ein Brief *des Christus* (Mittwoch) eingeschrieben ist. Die Erde beginnt zu leuchten, wenn das Christuslicht in den Menschenherzen aufleuchtet als das *Licht der Welt* (Donnerstag). Das ist die Erwartung und Hoffnung der Götter, dass die Menschen so einmal *Mitarbeiter Gottes* (Freitag) werden. Die »Ihr-seid«-Worte nehmen den Menschen als den, der er noch nicht ist, aber aus göttlicher Sicht werden kann und soll.

Ihr seid ...

Gottes Bauwerk	(Samstag)
Gottes Tempel	(Sonntag)
Gottes Acker	(Montag)
Salz der Erde	(Dienstag)
Brief des Christus	(Mittwoch)
Licht der Welt	(Donnerstag)
Gottes Mitarbeiter	(Freitag)

Nach Fertigstellung des Manuskripts wurde mir folgendes Buch bekannt: *Die Verteidigung des Menschen. Grundfragen einer verkörperten Anthropologie* (Berlin 2020, 4. Aufl. 2022) von Prof. Thomas Fuchs, Inhaber des Karl-Jaspers-Lehrstuhls an der Universität Heidelberg. Fuchs thematisiert dieselben Fragen die auch uns – besonders im ersten Kapitel – beschäftigt haben: Die Reduktion des menschlichen Geistes auf neuronale Prozesse, die Tendenz, den Menschen nach dem Bild unserer Maschinen als Produkt von Daten und Algorithmen vorzustellen und umgekehrt die Maschinen zu neuen Subjekten (»Singularitäten« Ray Kurzweil) zu erheben. Gegen eine solche Selbstverdinglichung des Menschen setzt der Philosoph und Psychiater Fuchs den »Humanismus der Verkörperung« des Menschen als Grundlage einer selbstbestimmten Existenz und individuell verkörperter Freiheit. Besonders sei dazu verwiesen auf die beiden Anfangskapitel: »Menschliche und künstliche Intelligenz. Eine Klarstellung« und »Jenseits des Menschen? Kritik des Transhumanismus«.

Anmerkungen

1 Vortrag vom 17. Juli 2921 (GA 205).
2 Günther Dellbrügger, »Wisst ihr nicht, dass sich an uns sogar das Schicksal von Engeln entscheiden wird?« in: M. Debus/G. Dellbrügger, *Engel-Erfahrungen. Mensch und Engel – Was sie für einander bedeuten*, Stuttgart 1998.
3 Im Anhang dieses Buches wird die Einweihung des Paulus, die einer solchen Äußerung zugrunde liegt, und sein Wirken als Eingeweihter im Zusammenhang mit der neueren Paulusforschung ausführlich dargestellt.
4 Petrarca, *Briefe*, Dtsch. von H. Nachod/ P. Stern, 1931, S. 47.
5 Zu Dionysius vgl. die grundlegende Studie von Kurt Ruh, *Geschichte der abendländischen Mystik*, Bd. 1. München 1991, S. 31-82. Dort heißt es: Nikolaus von Kues nannte Dionysius den »größten Erforscher der göttlichen Dinge« (Maximus ille divinorum scrutator; in: De docta ignorantia I,16). Ruh bemerkt dazu: »Lasse man den Streit über die geschichtlichen Bedingtheiten der Schriften des Dionysius einmal auf sich beruhen, dann könne man Cusanus nur bewundernd zustimmen!« (a.a.O. 5.31)
6 Vgl. zum Folgenden Rudolf Steiner: »Was tut der Engel in unserem Astralleib?« Vortrag vom 9. Oktober 1918 (GA 182).
7 Rudger Bregman, *Im Grunde gut. Eine neue Geschichte der Menschheit* (holl. 2019). Hamburg [10]2023.
8 Hans Joas, *Die Sakralität der Person. Eine neue Geschichte der Menschenrechte*. Frankfurt/Main [2]2019.
9 Zitiert nach Siegfried Gussmann, *Seelenkräfte, Engelhierarchien*. Freiburg i.Br. o. J., S. 20 f.
10 Vgl. zum Folgenden: Byung-Chul Han, *Neoliberalismus und die neuen Machttechniken*. Frankfurt/Main [6]2021, S. 89-91.
11 Vgl. zum Folgenden: Ph. von Becker, *Der neue Glaube an die Unsterblichkeit*. Wien 2018, S. 37 f.

12 Oliver Krüger, *Virtualität und Unsterblichkeit. Die Visionen des Posthumanismus*, Freiburg i.Br. 2004, S. 134.

13 »Once we attain immortality, everything will be possible.« (ebd.)

14 »Immortality is now a question of when, not if.« (ebd.)

15 Einfriertechnik

16 »… a disease, of which we must now proceed to cure ourselves.« (ebd., S. 137).

17 Vgl. zum Folgenden: Kai Strittmatter, *Die Neuerfindung der Diktatur*, München 2018. Zitate aus dem Kapitel »Der neue Mensch«, S. 180 ff.

18 Vgl. Stefan Lorenz Sorgner contra Philipp von Becker, *Transhumanismus?* Frankfurt/Main 2023, S. 93.

19 Dave Eggers, *The Every*, Köln 2021 (zitiert nach von Becker, a.a.O., S. 97 f.).

20 Yval Noah Harari, *Homo deus. Eine Geschichte von morgen*, München 2017.

21 A.a.O., S. 505 f.

22 Ralf Hanselle, *Homo digitalis. Obdachlos im Cyberspace*, Springe 2023.

23 Hans Joas, *Die Sakralität der Person*. Siehe Anm. 8.

24 Vgl. dazu die Ausführungen von Christine Gruwez in: *Die Wunde und das Recht auf Verletzlichkeit*, Stuttgart [3]2024, S. 165 ff.

25 Friedrich Hölderlin, *Hyperion*. Stuttgarter Ausgabe, Stuttgart 1958, Bd. 3, S. 160.

26 A.a.O., S. 83.

27 Hamburger Ausgabe (HA) Bd. 8, S. 149 ff.

28 HA 7, S. 157.

29 HA 6, S. 531 f.

30 Ebd.

31 Friedrich Rückert, *Gedichte. Wanderungen. Angereihte Perlen. Werke*, Bd. 2, Leipzig 1897.

32 Friedrich Schiller, *Briefe über die ästhetische Erziehung des Menschen*, in: Friedrich Schiller, *Schriften zur Philosophie und Kunst*. München 1959, S. 73.

33 Hebbel, *Werke*. Bd. 9. Leipzig 1941, S. 129 f.

34 Ebd.
35 Rudolf Steiner, Vortrag vom 20. Februar 1917 (GA 175).
36 Rudolf Steiner, Vortrag vom 12. Juni 1919 (GA 193).
37 *Ausgewählte Werke*. Frankfurt/Main 1988, Bd. 1, S. 298.
38 Rudolf Steiner, Vortrag vom 9. Oktober 1918 (GA 182).
39 1 Ko 3,9.
40 Gespräch mit Eckermann am 23. Oktober 1828.
41 J. W. von Goethe, *Maximen und Reflexionen* Nr. 495. HA 9, 563.
42 Gregor von Nyssa, *Leben des Moses*, PG 44, 328 B.
43 Gregor von Nyssa, *Große Katachese*, PG 45, 97 C und D.
44 Vgl. zum Folgenden die umfassende Arbeit des evangelischen Theologen und Religionswissenschaftlers Ernst Benz (1907–1978): *Adam. Der Mythos vom Urmenschen*, München 1955, der wir in diesem Kapitel folgen.
45 Zitiert nach Rudolf Steiner, GA 7 (1960), S. 123.
46 Ebd.
47 Ebd.
48 E. Benz, a.a.O., S. 18.
49 R. Steiner, Vortrag vom 31. Dezember 1915 (GA 275).
50 R. Steiner, Vortrag vom 8. Oktober 1905 (GA 93a).
51 R. Steiner, Vortrag vom 6. Juni 1907 (GA 99).
52 Walter Bauer, *Wörterbuch zum Neuen Testament*, Berlin 1971, Sp. 1605.
53 In der Regel wird aus dem Neuen Testament nach der Übersetzung von Emil Bock zitiert: Stuttgart 1980.
54 Botho Strauss, *Lichter des Toren. Der Idiot und seine Zeit*, München 2013, S. 39.
55 Immanuel Kant, *Kritik der praktischen Vernunft*, Beschluss, A289.
56 Rudolf Steiner, Vortrag vom 10. Oktober 1916 (GA 168).
57 Rudolf Steiner, Vortrag vom 31. Juli 1916 (GA 170).
58 Rudolf Steiner, Vortrag vom 10. Oktober 1916 (GA 168).
58a Albert Schweitzer schreibt weiter: »Vor ihm [Paulus] müssen sich alle verbergen, die dem Evangelium mit der Vernichtung freien Denkens im Glauben an Jesus Christus zu dienen glau-

ben.« Albert Schweitzer, *Die Mystik des Apostel Paulus*, Tübingen [2]1954, S. 366 (Hinweis von Frank Hörtreiter)

59 Ludger Schenke, *Das Johannesevangelium.* Freiburg i.Br. 2018, S. 141.

60 Friedrich Schiller, »Etwas über die erste Menschengesellschaft nach dem Leitfaden der Mosaischen Urkunde«, in: *Kleinere historische Schriften* (= *Sämtliche Werke*, 1879, Bd. IV).

61 Vgl. Karl Friedrich Althoff, *Das Vaterunser*, Stuttgart 1978, S. 155-157; ders. in: *Die Christengemeinschaft*, Jg. 1971, S. 183-186, 209-213, 249-251.

62 Vgl. vom Verfasser: *Im Herzland*, Stuttgart [4]2014, Kap. »Christuslicht im Tageslicht«, S. 153-163.

63 Rudolf Steiner, *Wie erlangt man Erkenntnisse der höheren Welten?* (GA 10), Kap. »Leben und Tod. Der große Hüter der Schwelle«.

64 Rudolf Steiner, Vortrag vom 7. August 1916 (GA 170).

65 Ebd.

66 Vgl. den Vortrag vom 17. Juni 1909 (GA 107).

67 Novalis, *Werke*, Bd. 3, 565 f. (75); vgl. dazu: Florian Roder, *Novalis*, Stuttgart 2000, S. 448 ff.

68 Vgl. Emil Bock, *Boten des Geistes*, Stuttgart [4]1987, Kap. Bengel und Oetinger.

69 Vgl. u. a. Bernd Rosslenbroich (Hg.), *Perspektiven einer Biologie der Freiheit. Autonomieentwicklung in Natur, Kultur und Landschaft*, Stuttgart 2020; ders.: *Entwurf einer Biologie der Freiheit*, Stuttgart 2018.

70 Rudolf Steiner, Vorträge vom 16. November 1908 (GA 107), 14. Dezember 1908 (GA 108) und vom 15. Januar 1912 (GA 143).

71 Christian Lehnert, *Ins Innere hinaus. Von den Engeln und Mächten*, Berlin 2020, S. 171. Das ergänzt von unerwarteter Seite die Ausführungen dieses Kapitels!

72 1 Mo 9,13

73 1 Mo 22,17

74 Vgl. Hebr 9,4

75 2 Mo 16 u. a.

76 Vgl. 4 Mo 17

77 Siehe auch neuerdings: Volker Fintelmann, *Vom Wesen des Herzens*, Frankfurt/Main 2023.

78 Zur Interpretation dieses Psalms in: Rudolf Frieling, *Werke*, Bd. 2, Stuttgart 1985, S. 177-190: »Die große Beichte, Psalm 51«.

79 Bei einer späteren Erscheinung des Auferstandenen werden auch ausdrücklich die Psalmen erwähnt: Lk 24,44.

80 Vgl. den Vortrag Rudolf Steiners: »Erdinneres und Vulkanausbrüche« vom 16. April 1906 (GA 96).

81 Vgl. zuletzt: Wolfgang Schad, *Der Geist der Erde*, Birnbach 2023.

82 Vgl. Rudolf Steiner, Vortrag vom 31. Juli 1916 (GA 170).

83 Friedrich Nietzsche, *Also sprach Zarathustra*. Darmstadt 1969, Bd. 2, S. 388.

84 Im Epheserbrief deutet Paulus imaginativ dieses Mysterium so an: Christus sei hinabgestiegen in die »untersten Schichten der Erde« (Eph 4,9).

85 Andere Lesart: in unsere Herzen ...

86 Andrew Welburn, *Am Ursprung des Christentums*, Stuttgart 1992.

87 Vgl. Vortrag vom 19. Dezember 1914 (GA 156).

88 Vgl. Vortrag vom 14. Mai 1912 (GA 133).

89 So z. B. Buyng-Chul Han, *Vom Verlust der Rituale. Eine Topologie der Gegenwart*, Berlin 2019.

90 Martin Mosebach, *Häresie der Formlosigkeit. Die römische Liturgie und ihre Feinde*, München 2007.

91 Antoine de Saint-Exupéry, *Die Stadt in der Wüste*, Düsseldorf 2002.

92 Zit. nach Byung Chun Han, a.a.O., S. 10.

93 1843. Deutsche Ausgabe Hamburg 2000.

94 Hartmut Rosa, *Resonanz. Eine Soziologie der Weltbeziehung*, Frankfurt/Main 2016; ders., *Demokratie braucht Religion*, München 2022.

95 Christoph Türcke, *Hyperaktiv! Kritik der Aufmerksamkeitskultur*, München 2012.

96 Ca. 50 n. Chr. geschrieben.

97 Zit. nach: *Oh! Noch mehr Geschichten für andere Zeiten*, Hamburg 2021, S. 38.

98 Einen schönen Beitrag zu Paulus hat jüngst Johannes Lauten mit einer neuen Übersetzung der Paulusbriefe geliefert. Der Übersetzung sind angefügt neun Aufsätze verschiedener Autoren zum Thema Paulus als »Apostel Europas«: Johannes Lauten (Hg.), *Die Schöpfung wartet auf den Menschen. Die Briefe des Paulus in neuer Übersetzung. Beiträge zum Apostel Europas*, Stuttgart 2022.
Des Weiteren sei aus der umfangreichen Literatur über Paulus verwiesen auf: Dieter Hornemann, *Nicht ich ... Das Leben des Apostels Paulus*, Stuttgart 2019.
Johannes Lenz, *Stephanus und Paulus*, Stuttgart 2008.
Ders., *Und ich zeige euch einen Weg, höher als alle anderen. Ein Paulus-Brevier*, Stuttgart 2011.

99 Ed Parish Sanders, *Paulus*, Stuttgart 1995 (New York 1991).

100 Eugen Biser, #, Darmstadt 2003, S. 9.

101 Vgl. Kap. 11. in Welburns Buch, S. 258-313 der deutschen Ausgabe. Zum Epheserbrief als postbaptismale mystagogische Katechese vgl. auch vom Verf.: »Der Mysterienhintergrund des Epheserbriefes«, in: *Die geistige Waffenrüstung, Ein Weg zur Stärkung des Inneren*, Stuttgart 2009, S. 17ff.

102 Vgl. zur Gestalt des Stephanus: Rudolf Frieling, »Der Märtyrer Stephanus in Weihnachtsnähe«. *Gesammelte Schriften*, Bd. III, Stuttgart 1982, S. 342-349.

103 Verschiedentlich spricht Rudolf Steiner von Paulus als einem Eingeweihten durch das Erlebnis von Damaskus, so z. B. am 2. April 1920 in Dornach: Die übersinnliche Erfahrung bei dem Ereignis von Damaskus »war so einschneidend, dass Paulus ein vollständig anderer Mensch wurde. Man kann schon sagen, sie war so einschneidend, dass Paulus dasjenige geworden ist, was man einen Initiierten, einen Eingeweihten nennen kann«. (GA 198, 1969) An anderer Stelle heißt es: Saulus war ein »Eingeweihter« der jüdischen Mysterien.« Vortrag vom 11. Juni 1909, (GA 109/111).

104 Vgl. auch: Manfred Welzel. *Plastiken – Zeichnungen – Aphorismen*, mit einer Einführung von Diether Rudloff, Stuttgart 1985.

105 Vgl. 4 Mo 22.

106 Rudolf Steiner, Vortrag vom 8. Oktober 1921 nachmittags (GA 343).

107 Vgl. dazu die Ausführungen von Christine Gruwez, *Die Wunde und das Recht auf Verletzlichkeit. Meditationen zur Zeitlage*, Stuttgart [3]2024.

108 Franz Kafka, *Kritische Ausgabe.* Nachgelassene Schriften und Fragmente II. Frankfurt/Main 2002, S. 77; aufmerksam wurde ich auf diesen Text durch Ariane Eichenberg / Christiane Haid, Editorial zu *STIL*, Ostern 2023, 45. Jahrgang, Heft 1, S. 3.

109 Rudolf Steiner, Vortrag vom 15. Februar 1909 (GA 109/111).

110 Rudolf Steiner, Vortrag vom 31. Mai 1909 (GA 109/111).

111 »Und Christus hat mit dem Ausdruck ›Gnade‹ nichts anderes gemeint als die ›Buddhi‹. die sich herunterneigt und unser Selbst hinaufzieht zu sich.« Rudolf Steiner (GA 266/1), Dornach 1985, S. 46.

112 Ausführlich dazu: Friedrich Rittelmeyer, Ich bin. Reden und Aufsätze über die sieben Ich-bin-Worte des Johannes-Evangeliums, Stuttgart [3]1992.

113 Rudolf Steiner, Vortrag vom 15. Februar 1909 (GA 109/111).

114 Rudolf Steiner, *Die geistige Führung des Menschen und der Menschheit* (GA 15).

115 Paulus war mehrmals im Gefängnis, u. a. in Caesarea, Jerusalem und Rom.

116 Man hat Paulus die Autorschaft abgesprochen und darin ein Zitat eines »Christusliedes« aus der Urgemeinde sehen wollen. Vielleicht war es aber umgekehrt: Der Paulustext wurde zum verbreiteten Hymnus?

117 Vgl. zum Verhältnis von Christentum und Gnosis: Rudolf Frieling/Erwin Schühle, *Christentum und Gnosis*, Stuttgart 1962.

Danksagung

Für große Hilfen beim Zustandekommen dieses Buches danke ich Maren Glockmann, Ariane Eichenberg und Mathias Maurer, Elisabeth Scharlau und Ebi Naumann, Elisabeth Koester und dem Verleger Michael Stehle.

Günther Dellbrügger
Im Herzland
Zur Esoterik des christlichen Jahres
253 Seiten, gebunden mit Schutzumschlag
ISBN 978-3-8251-7815-4

Verborgen und doch mitten in unserer alltäglichen Wirklichkeit finden sich vielfältige Christusspuren. Sie durchziehen unser Leben wie feine Goldadern. Eine zweite Wirklichkeit tut sich auf – unspektakulär, aber tief zu Herzen gehend. Denn in jeder Menschenseele ist die Christuswirklichkeit verborgen als sein Herzland.

Am Leitfaden der Festeszeitengebete (*Episteln*) der Liturgie der Christengemeinschaft führt Günther Dellbrügger den Leser in das Wortgeschehen des erneuerten Kultus. Es stellt den Menschen in sein Jetzt, seine aktuelle Schicksals- und Lebenssituation und macht ihn zum innerlich Hörenden, der dadurch Raum schafft für das Heilsame, das sich in Bild, Wort und Tat im Kultus schenken möchte. Diese Betrachtungen regen zum verstärkten individuellen Mitvollzug des christlichen Kultus an.

Verlag Urachhaus

Günther Dellbrügger
Aktive Pause
Plädoyer für einen
neuen Zeitbegriff
128 Seiten, gebunden mit
Schutzumschlag
ISBN 978-3-8251-5105-8

Günther Dellbrügger leistet einen Beitrag zur Entdeckung der Pause. Je stärker wir unter der Atemlosigkeit unseres modernen Lebens leiden, desto notwendiger wird es, wieder einen Sinn für die Pause zu bekommen, für das Schöpferische und Heilsame, das in ihr liegt. Unsere pausenlose Gesellschaft bedarf einer neuen Zeitkultur.

Verlag Urachhaus

Günther Dellbrügger
Ein Schlüssel zur inneren Biografie
158 Seiten, kartoniert
ISBN 978-3-8251-5232-1

Viele Menschen sagen kurz vor ihrem Tod: Ich bedauere, dass ich mir zu oft nicht treu geblieben bin. Günther Dellbrügger beschreibt, wie sich dies vermeiden lässt. Anhand anschaulicher Beispiele verschiedener Biografien und aus der Literatur zeigt er, wie man aufmerksamer für die bedeutenden Momente des Lebens werden und sie für die eigene Biografie nutzen kann.

Verlag Urachhaus

Günther Dellbrügger
Auferstehung
Mit dem Herzen denken
172 Seiten, kartoniert
ISBN 978-3-8251-7696-9

Der christliche Glaube hat sein Herzstück in Christus als dem Auferstandenen. Seine leibliche Auferstehung ist die zentrale Wahrheit des Christentums. Wie sieht es aber im 21. Jahrhundert mit dem Glauben an die *Auferstehung im Fleische* aus? – Günther Dellbrügger zeichnet anhand zahlreicher Quellen die Entwicklung des Auferstehungsgedankens bis in die Gegenwart nach und regt dazu an, ihn neu zu denken.

Verlag Urachhaus